모르는 것을 부끄러워하지 않고
오히려 탐험하면서
새롭이 알아가는
여러분을 응원합니다!

기획 및 집필

유 혜 영

홍익대학교 컴퓨터공학과와 경인교육대학교 미술교육과를 졸업
하고 현재 초등학교에서 학생들을 가르치는 경력 10년 차 교사다.
교육, 철학, 심리, 물리, 미술 등 여러 관심 분야의 책을 읽으며
새로운 분야의 지식을 접하고 공부하는 일이 세상에서 둘도 없이
재미있는 일임을 알게 된, 과학 덕후 성인 자기주도 학습자이자
자유분방한 두 아들의 엄마이기도 하다. 현재 경기도 고양시에서
초등교사로 근무하고 있다.

미술에 심취한 전직 프로그래머였던 저자는 한때 그림에 미쳐 화가
가 되어야겠다고 생각했지만, 그림 그리는 제주도 대상을 마음속
에 그려내는 표상 능력의 일부임을 깨닫고 삶의 지평을 보다 넓은
영역으로 열어젖힐 수 있었다. 자신을 아무리 어려운 개념이라도
어린이의 눈높이에 맞는 언어로 표현하기만 하면 이해될 수 있다는
존 듀이[John Dewey] 정신을 이어받은 어린이 전문 지식 가공업자라
고 말한다. 지은 책으로는 『알자배기 초등 복습 비법(2020)』이
있다.

유튜브 https://www.youtube.com/user/createyoo/featured

블로그 https://blog.naver.com/yodd

저자 youtube 채널 바로가기

알자배기
20일
기적의
노트

엄마 잔소리
사라지는

초등 스스로
공부법

알자배기

20일
기적의
노트

유혜영
기획 및 집필

오리진
하우스

부모님께

모든 학생이 해야 할 일은
오늘 배운 내용을 직접 익히는 것

복습의 중요성을 알리고자 『알자배기 초등 복습 비법(2020)』을 출간하여 많은 분들의 사랑과 관심을 받았습니다. 하지만 책을 접한 독자 중에는 필자의 의도를 제대로 이해하지 못한 분들이 많다는 생각이 들었습니다.

국내에서 유일하게 초등 복습을 주제로 다룬 책의 저자로서, 저의 의도는 '학교 공부만으로 충분하니 학원에 다니지 마라.'도 아니고, '무조건 학교를 믿어라.'도 아니었습니다. '선행을 해선 안 된다.'는 더더욱 아니었습니다. 학생의 상황은 저마다 다르기에 누군가에게는 학원이 필요할 수 있고, 선행하는 것이 나을 수 있습니다. 오히려 학생이 공부를 하자면 학교에만 의존할 것이 아니라 개별 학습자가 응당 해야 할 노력과 역할이 있기에 '알자배기' 책이 나오게 된 것이기도 합니다.

제가 책을 통해 말하고자 한 것은 '실력을 갖추고자 하는 학생은 반드시 학교 공부를 복습해야 한다.'는 것이었습니다. 조금 풀어 말하면 학교 공부를 복습하는 일은 단지 배운 것을 반복하는 일이 아닌 **학생이 직접 모르는 내용을 공략하고 애써 고민하는 것과 같은 '학생 스스로 사고하는 방식'의 익히기를 해야 한다**는 것입니다.

제대로 된 복습은 단지 많은 양의 문제를 풀고, 손이 아프도록 공책을 쓰는 일이 아닙니다. 그것은 '내가 정말 알게 됐나?'라는 질문을 통해 스스로 공부 완성도를 점검하고, 배웠으나 아직 모르는 부분을 찾아내어 진짜 아는 것으로 바꾸는 '앎의 과정'입니다.

이렇듯 학생 스스로 사고하는 방식의 복습을 할 수 있다면 그 학생은 공부할 줄 아는 것이라고 할 수 있습니다. 자신이 모르는 것을 아는 것으로 바꾸는 행동을 직접 선택하고 실행하는 것이 진정한 복습입니다. 이는 부모나 학원이 주체가 되어 내용을 반복시켜주는 복습과는 근본적으로 다릅니다.

진정한 복습은 오직 학생이 나서야 가능한 일입니다. 그리고 부모가 해야 할 역할은 복습시키기가 아닌 동기부여와 가이드에 있습니다. 학생이 알고자 해야 하고, 고민해야 합니다. 이 책에서 제시한 과목별 복습법들은 그저 도구에 불과합니다. 그 도구들을 조합해서 구사해야 하는 주체는 바로 학생입니다.

공부 잘하고 싶은 마음을
효과적인 공부로 전환하는 방법

알고자 하는 열정이 있는 학생, 공부의 길을 찾고자 하는 학생들을 만날 때면 아직 미숙하고 성과가 적다할지라도 '첫 발을 잘 내디딘 학생'이라는 생각을 합니다. 그러나 방법 면에서 아직 대부분의 학생이 복습을 그저 반복이나 집에서 하는 공부 정도로 인식하고 있습니다. '좋은 복습이란 문제집을 많이 푸는 것이다.'라고 생각할 뿐, 좀처럼 해 오던 것을 생각하는 방식으로 바꾸려 하지 않습니다. 공부를 잘하고 싶다면 배운 것을 출력식으로 확인하고 생각하는 방식으로 익히는 것이 어떤 것인지, 그 방법과 가치를 깨달아야 합니다.

변화는 언제나 어렵습니다. 제대로 공부한 경험이 없거나 어린 학생들에게 진정한 복습의 개념은 어려울 수 있습니다. 즉, '나는 오늘 공부한 내용을 정말 알고 있나?'라는 질문을 자신에게 던지지 못하고, 제대로 대답할 수 없으며, 판단할 수 없다는 뜻입니다. 자기주도 학습은 메타인지를 발휘하는 고차원의 정신작용을 요구합니다.

그러나 모든 상황에도 불구하고 분명한 것은 모르는 것을 아는 것으로 바꾸는 '익히는 일'을 스스로 수행해야 진짜 실력의 진보가 일어난다는 것입니다. 그 일은 어쩌면 머릿속으로 하는 것이기에 겉으로 티가 나지 않을 수도 있습니다. 그래서 필자는 더욱 학생들에게 출력식으로 공부해야 한다고 강조하고 있습니다. 내가 알고 있는 바가 눈에 보이는 결과물이 되도록 스스로 출력해 보고, 이것을 교과서와 비교해서 맞았는지 검토해 보아야 합니다. **배운 내용을 출력할 수 없다면 그 지식은 알지 못하는 것**입니다. 출력식 공부는 학생의 자기 판단과정을 단순하게 만들어 주고, 알고자하는 목표 수준을 높여주는 효과가 있습니다. 이렇게 자신의 지식 상태를 스스로 점검하고 판단하는 것. 배운 지식을 성공적으로 출력하고 적용할 수 있을 때까지 노력하는 것. 이것이 바로 탁월함을 추구하며 익히는 과정인 '알자배기'식 복습입니다.

『알자배기 20일 기적의 노트』는 학생들이 실제적인 익힘이 일어나는 복습을 실행할 수 있도록 돕기 위해 마련되었습니다. 『알자배기 초등 복습 비법』을 읽은 독자라면 책을 덮은 후에 단지 '아, 반복해서 공부해야 한다는 뜻이구나.' 또는 '복습이 중요하구나.' 하면서 이전에 하던 '양'으로 하는 공부로 돌아가지 않아야 합니다. 복습한다면서 방과 후에 배운 내용을 인터넷 강의로 또 배우고, 별 의미 없이 더 많은 양의 문제집을 풀고, 마냥 손 운동에 가까운 공책 쓰기를 하느라 애쓴다면 이 책은 의미가 없습니다.

공부한 내용을 돌아보아 정말 아는지 판단하고 익힐 방법을 스스로 궁리하는 학습자의 사고와 판단이 들어간 공부, 메타인지가 적극적으로 활용되는 공부가 될 수 있기를 진심으로 바랍니다.

이러한 방식의 복습이 공부량이 과도한 초등학생에게는 공부 노동을 줄이는 계기가 될 것이며, 자기 공부가 전혀 없는 학생들에게는 '스스로 익히는 공부를 시작해야 한다.'고 공부의 책임을 웅변하는 일이 될 것입니다.

말이 길었습니다만 단순하게 요약하자면 **학교에서 배운 내용을 제대로 알기 위해 학생이 오늘 해야 할 일은 바로 배운 내용을 자기 노력을 들여 직접 익히는 것**입니다. 이것은 배움을 실행하고 있는 모든 학습자에게 해당하는 이야기이기도 합니다.

아무쪼록 이 책을 통해 생각하는 방식의 익히기인 알자배기 복습을 만나보고, 효과적이면서도 깊이 있는 공부의 기쁨과 기적을 자녀와 함께 경험해보시기 바랍니다.

학생 여러분께

한 번쯤, 아니 여러 번 이런 경험이 있지 않나요? 수업 시간 중에, 평가를 보다가, 발표하다가 퍼뜩 내가 뭔가를 모르고 있다는 것을 깨닫는 느낌 말이에요. 내가 모르는 것을 남들도 모르는 경우라면 그나마 낫습니다만 다들 아는데 나만 모르고 있을 때 어떤 기분이 들까요?

- 슬프고 우울한 기분
- 뭔가 부족하고 못난 사람이 된 느낌
- 모른다는 사실을 들킬 것 같은 불안감

선생님이 느껴 본 세 가지 감정을 써 봤습니다만 이 기분은 안 느껴 본 사람은 모를 거예요. 영원히 나만 모를 것 같고 몰라야만 할 것 같은 깊고 절망스러운 그 느낌말이지요. 나름대로 노력을 해보았는데도 나아지지 않으면 이 절망은 더욱 깊어집니다. 애초부터 빠져나올 길은 없었던 것처럼 말이지요.

그런데 선생님은 오랜 시간, 많은 시행착오 끝에 간신히 한 가지 사실을 깨닫게 되었어요. 비록 한 가지이지만 이것은 공부의 만능 키라고 할 수 있을 만큼 아주 결정적이고도 중요한 사실이었죠. 그것은 바로,

'모르는 것은 조금도 부끄럽지 않아!'

기대하고 있었는데 너무 당연한 이야기라고요? 그래요. 아마 많은 학생이 들어보았을 이야기입니다. 그런데 이것을 깨닫자 제 마음속에서 이런 목소리가 들리더라고요.

'정말 안 부끄러워? 그럼 행동으로 증명해 봐'

부끄럽지 않다는 것을 증명하는 일은 생각보다 쉬운 일이 아니었어요. 정말 모르는 것이 안 부끄러운 사람은 아무렇지도 않게 모르는 것을 질문할 수 있고, 모르는 것을 남들에게 티를 낼 수 있어야 하거든요.

시치미 떼며 가만히 있으면 남들에게 티는 나지 않겠지만 모르는 것을 알 수도 없어요. 그래서 모르는 것을 알려면 그것을 숨기기는커녕 선생님과 친구들에게 물어보고, 맨날 끙끙거리며 또 풀고, 계속 읽어야 하지요. 이건 부끄러워하지 않는 정도가 아니라 모른다고 광고하는 수준이잖아요. 이럴 바엔 차라리

이렇게 말하는 게 낫겠어요.

'모르는 것을 자랑스럽게 여기자'

모르는 것을 알려면 매우 적극적으로 그것도 오랫동안 노력해야 하는데, 그러려면 모르는 것이 안 부끄러운 정도가 아니라 자랑스러울 만치 당당해야 한다는 것입니다. 모르는 것에 대해 당당할 수 있는 이유는 내가 노력하면 이제 알게 될 것이기 때문이죠. '넌 이미 내 거나 다름없어! 내가 알기로 마음먹었으니까. 모르는 것은 나의 가치를 조금도 해칠 수 없어. 나는 그냥 나야!'라고 선언하면 끝.

자, 모르는 것에 대해 당당해졌다면 이제는 내가 모르는 것을 직접 공략할 시간입니다. 내가 무엇을 모르고 있는지 스스로에게 질문해 보세요. 아래처럼 말이지요.

나는 지금 무엇을 모르는 것일까?

이 질문은 지금 내가 해결해야 할 공부 문제를 좀 더 쉽고 분명하게 만들어 줄 수 있어요. 그리고 이 질문에 아주 구체적으로 답하려고 노력해야 합니다.

다음 중 어떤 대답이 지금 나의 상황을 낫게 만드는 데 도움이 될까요?

1. 난 초등학교 내용을 다 몰라, 공부를 못해.

2. 나는 수학을 못해.

3. 나는 분수에 약해.

4. 나는 분수의 나눗셈을 몰라.

5. 나는 분수에서 소금물 문제에 약해.

6. 나는 소금물 문제에서 무엇을 분모, 분자에 두어야 할지 몰라.

모르는 것을 만나면 큰 두려움에 휩싸인 나머지 '다 모른다. 공부를 못한다.'는 생각을 하기 쉬워요. 하지만 곰곰이 생각해 보면 지금 내가 알게 된 사실은 '다 모른다.' 가 아니라 '공부하는 내용 중 어느 한 부분을 모른다'에 불과하지요.

큰일 난 게 아니에요. 우리는 그저 공부거리 한 가지를 발견한 것뿐이랍니다. 그리고 발견한 그 공부거리를 외면하지 않고 당당히 맞서서 정복할 것입니다. 그래서 충격에 빠지지 않고 이 문제를 해결할 행동을 찾아 직접 해 볼 예정입니다.

모르는 것을 알기 위해 어떤 행동을 해야 할까?

내가 모르는 것을 자랑스럽게 여기고 행동하기로 마음먹었다면 마음을 가다듬고 해결책을 모색하게 될 거예요. 어떤 방법들이 있을까요?

- 그래, 소금물 문제를 설명해 놓은 교과서 약속 부분을 찾아보자!
- 담임 선생님께 질문하자!
- 답지의 해설을 보고 문제에서 분모, 분자를 어떻게 정했는지 힌트를 얻자!

이런 것들이 있겠네요. 좋아요! 이 행동들은 하나의 목표를 갖고 있어요. 그것은 바로 **지금 모르는 것을 알도록 만드는 일이라는 점**입니다. 이처럼 모르는 내용 하나하나에 정성을 들여 아는 것으로 바꾸다 보면 내 마음속에는 점차 아래와 같은 일이 일어납니다.

1. 소금물 문제에서 분모, 분자를 어떻게 정해야 하는지 알았어.
2. 분수에서 소금물 문제를 어떻게 풀어야 하는지 알겠어.
3. 분수의 나눗셈을 알게 되었어.
4. 분수 파트가 이전보다 더 이해되었어.
5. 수학 공부할 때 덜 긴장되고 편해졌어.
6. 공부에 자신이 생겼어.

공부 실력이라는 커다란 건물도 실은 벽돌과 같은 작은 요소들이 모인 것이지요. 모르는 내용 하나를 알기 위해 고민하고 정성을 들이는 일들이 반복되고 쌓이면 결국 내가 이룰 수 없을 것 같았던 실력이라는 큰 건물을 이루어낼 수 있어요. 지금 내 앞에 놓인 공부거리는 작아 보이지만, 알고 보면 내 공부를 이루는 중요한 벽돌 중 하나입니다.

오늘의 작은 공부 하나를 소중히 여기고, 이것을 알 수 있도록 노력하는 일이 모여서 큰 변화를, 그것도 내가 직접 만들 수 있다니 정말 놀랍지 않나요? 이것은 우수한 학생 몇 명만 가능한 일이 아닙니다. 누구라도 할 수 있어요. 우리는 모두 자신을 변화시킬 수 있는 존재이니까요. 그 힘은 누구에게나 있답니다.

모르는 것을 두려워하지 않고 맞서며 오히려 즐기는 일, 이런 도전을 매일의 공부로 가져온 것이 바로 '복습'입니다. 보통 복습이라 하면 그저 배운 것을 또 공부하는 정도로 생각해요. 그러나 진짜 익히기의 의미를 담은 '복습'은 내가 모르는 것을 파악하여 그것이 알고 익혀지도록 내가 직접 노력하는 일입니다. 이 책에서는 이러한 자기주도적인 익히기의 뜻이 담긴 복습을 '알자배기 복습'이라고 부를 거예요.

이런 변화를 직접 경험하고 싶나요? 그렇다면 막연히 멀리 있는 문제를 볼 것이 아니라 오늘 배운 내용 중에 내가 무엇을 알고 또 무엇을 모르고 있나 생각해 보세요. 그리고 모르는 것을 발견했을 때 기뻐하세요. '오늘 이걸 복습하

면 되겠구나.' 하면서 말이지요.

이 글을 읽으면서 모르는 것을 부끄러워하지 않고 오히려 탐험하면서 새로이 아는 것을 기뻐하기로 마음먹었다면, 모험처럼 다이내믹하게 공부하는 여러분만의 '알자배기 복습'은 이미 시작된 것이랍니다.

자, 이제 『알자배기 20일 기적의 노트』와 함께 새로운 복습의 세계를 경험할 시간입니다.

유혜영

이 책은 매일의 복습이 습관이 될 수 있도록 『알자배기 초등 복습 비법』에서 제시한 효과적인 복습의 4원칙을 반영한 공부법을 제시하고 있어요.

복습이 중요한 것은 알지만 기계적으로 문제풀기, 강의 다시듣기와 같은 효율 낮은 복습 방법을 벗어나기 힘든 학생이 많습니다. 이 학생들을 위해 효과 좋은 출력식 복습 방법을 20일 동안 학습자가 차례로 경험해 볼 수 있도록 구성했어요. 알자배기 복습 1~4단계를 국어, 수학, 사회, 과학, 영어 각 과목을 순환하며 실천해보고, 각 단계 공부 방법의 효과를 직접 느껴보세요.

또한 이 책은 첫 주에는 1단계만을, 둘째 주에는 1단계 후 2단계를 실행하는 것과 같이 매 주 **배웠던 이전 단계에 새로운 단계를 배우고 더해가는 방식**으로 되어 있어요. 이것은 작게 시작해서 크게 키워야 한다는 알자배기 복습의 실천원리를 반영한 것이기도 합니다. 이를 통해 개인 공부량이 현저히 적은 학생들은 꼭 필요한 공부 내용으로 공부량을 조금씩 늘려가는 훈련할 수 있습니다.

21일차부터는 그동안 연습한 복습법을 바탕으로 나만의 복습 계획을 세우고 이를 꾸준히 실천할 방법을 제시합니다. 이 부분을 통해 나만의 복습을 직접 계획하고 실천하면서 내 계획이 과연 좋은 계획이었나 돌아보고 직접 수정도 해 보세요. 이렇게 꾸준히 하다 보면 실력이 향상되는 것은 물론 내 공부를 스스로 판단하는 메타인지가 계발되는 공부를 할 수 있습니다.

제공되는 실전 노트 양식을 다운로드하여 인쇄하거나 복사해서 66일간 꾸준히 활용한다면 스스로 익히는 자기주도 공부는 어느덧 여러분만의 공부습관이 될 것입니다. 이제 어른들의 잔소리는 안녕~~이에요.

이렇게 활용해요!

1 책 내용을 따라 순서대로 일주일에 평일 3일 이상 복습을 실천해요.

2 매일 하루 분량의 복습을 실천하면서 복습 방법을 익혀가요.

3 이미 복습을 실천 중인 학생이라면 내가 궁금한 과목의 복습 방법을 찾아서 그 부분을 먼저 활용해도 좋아요.

4 공부 전략에 관심이 있는 학생이라면 [특강] 부분을 먼저 읽어 보세요(유튜브 강의도 꼭 보세요).

5 책 뒷부분의 노트양식을 다운로드하여 실제 복습에 활용해 보세요(QR 코드 링크).

PART 3 습관이 되는 자기주도형 복습

1

알자배기
복습 준비

배우기

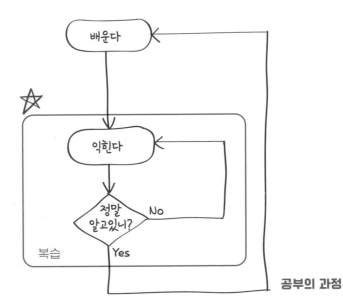

공부의 과정

복습보다 먼저 잘 배우기가 우선!

공부를 잘하자면 복습으로 익히기에 앞서 배우기가 잘 되어야 해요. 공부는 배우기와 익히기의 콜라보로 완성되니까요. 그런데 공부를 잘하고 싶다면서도 실제 생활 속에서는 온라인 수업이든, 등교수업이든 정성껏 배우지 않는 학생들이 많아요. 열심히 배우는 일도 일종의 습관이라서 매일의 수업을 대충 배우기로 보내면서도 알아차리지 못할 수 있어요. 배우기가 소홀하다면 복습을 아무리 열심히 해도 공부를 잘하는 일은 쉽게 이루어지지 않아요.

잘 배우고 있는지 스스로 점검해 봅시다.

나는 혹시 습관적으로 대충 배우고 있는 것은 아닐까요? 나에게 해당하는 항목에 ✓표시하며 점검해 봅시다.

1	하루 수업 중에 한 번 이상 질문을 한다.	☐
2	학교 수업에 집중하는 것이 중요하다고 생각한다.	☐
3	이미 아는 내용과 관련된 수업이더라도 내가 배울 부분은 있다고 생각한다.	☐
4	수업 시간 책상 위에는 수업에 필요한 물품만 올려져 있다.	☐
5	하루 수업 중 한 번 이상 발표를 한다.	☐
6	수업 과제물 및 온라인 수업 과제는 거의 당일, 제시간에 완료한다.	☐
7	교과서 질문에 내가 직접 단 답들이 거의 빠짐없이 기록되어 있다.	☐
8	수업 시간 중에 나는 선생님 말씀에 대체로 잘 집중한다.	☐
9	수업 시간 중에 이해가 되지 않는 부분 있으면 해결해 보려 노력하고 고민한다.	☐
10	나는 수업 중에 선생님과 친구의 말을 귀 기울여 듣는 편이다.	☐
11	화상 수업 중이라도 물을 마시거나 화장실 가는 일은 되도록 하지 않는다.	☐
12	일기, 독서록과 같은 일상적인 학교 숙제를 성실히 하고 있다.	☐
13	화상 수업 전이나 등교 수업 전에 교과서와 공책, 프린트물, 필기도구 등 수업에 필요한 물품을 미리 준비한다.	☐

0~3개 잘 배우기가 시급합니다. 수업 전 주변을 정돈하는 것, 수업 준비물을 미리 챙기는 것, 수업 중에 다른 일을 하지 않는 것부터 실천해 봅시다.

4~6개 잘 배우기에 정성을 들일 때입니다. 한 번 이상 질문하기, 경청하기 등 수업에 적극적으로 참여하려고 노력해 보세요. 수업의 밀도가 저절로 높아져요.

7~9개 잘 배우기 고지가 눈앞입니다. 수업 내용에 집중해서 지금 수업을 통해 실제 얻어지고 경험하는 것이 있도록 만들고자 노력해요.

10개 이상 충실하게 잘 배우고 있군요! 복습으로 공부에 날개를 달아 봅시다.

잘 배우기의 원칙

#원칙 1. 수업의 밀도를 올려서 복습 분량을 줄이자

수업을 잘 듣고 수업 내용을 대부분 이해하면 복습 때 배운 부분을 새롭게 또 이해해야 하는 수고를 덜 수 있어요. 복습은 모르는 부분을 공략하는 일이니까요. 수업을 들을 때 모르는 것이 나왔다면 교과서를 찾거나 선생님과 친구들에게 질문해서 그 시간 내로 최대한 궁금증을 해결합니다. 수업 시간 내에 소화한 내용이 많을수록 복습해야 할 내용은 그만큼 줄어들게 됩니다.

#원칙 2. '수업을 들었다'가 아니라 '수업을 이해했다' 로 만들자

수업 시간에 딴짓하지 않고, 꾸중을 듣지 않았다고 성공적으로 배운 것은 아닙니다. 수업에서 진행되는 내용에 열심히 집중하고, 수업 활동에는 적극적으로 참여해야 합니다. 집중하면서 적극적으로 참여하면 열심히 생각하게 되고, 열심히 생각하다 보면 수업에서 나에게 가르쳐 주고자 하는 내용을 보다 잘 파악하고 이해할 수 있습니다. 복습할 때는 수업 시간 동안 내용을 얼마나 소화했나 스스로 점검해 봅니다. 수업을 들었는데도 알게 된 것이나 이해된 것이 적다면 알고자 하는 자세로 지금보다 수업에 더욱 적극적으로 참여해야 한다는 뜻이에요.

#원칙 3. 일기와 독서록, 배움 공책 등 학교 과제를 잘 활용하자

일기, 독서록, 배움 공책, 공책 정리 등 학급마다 수업을 보조하는 과제들이 있지요. 학급에 따라 일주일에 한 편, 때로는 여러 편을 작성해야 하는 이런 과제들이 때로는 힘들게 느껴질 때도 있습니다. 그런데 이것을 '혼나지 않을 만큼 대충 하자'라고 생각하면 정말 정말 아까운 일이랍니다. 이 과제들은 정성껏 이루어진다면 하나같이 공부력을 결정적으로 높여줄 수 있는 활동이기 때문입니다. 책을 읽고, 글을 쓰고, 배운 것을 익히는 일은 아무리 유능한 선생님이 가르쳐주어도 직접 시간을 들여 하지 않으면 늘지 않아요. 어차피 해야 할 과제라면, 기왕 하는 거 똑똑하고 유용하게 200% 활용합시다.

YouTube 강의 보기

수업 중에 하는
교과서 필기

수업을 들으며 교과서에 간단한 표시나 필기를 하면 수업에 집중하게 되고 교과서를 다시 볼 때 수업 내용이 쉽게 생각나서 복습에도 큰 도움이 됩니다.
그러면 수업 중 교과서에 어떻게 필기를 하면 좋을까요?

1. 교과서에는 없고 수업 중에만 등장한 모든 정보

교과서를 사용하여 수업하고 있다면 교과서에 직접 표시하고 메모해 보세요. 교과서에는 오늘 수업 지식과 관련된 글과 그림이 자세히 나와 있기 때문에 수업 내용을 새로이 길게 받아 적을 필요가 없어요. 교과서에는 필기할 만한 여백도 많지요. 이 여백에 이해하는 데 도움이 된 내용, 선생님만의 예시, 알게 되거나 깨닫게 된 점 등을 메모해 보세요. 나만의 정보가 가득한 교과서는 자꾸 펴보게 됩니다.

2. 접착식 메모지

수업 시간에 들었던 의문점이나 크기가 큰 그림 등을 보충할 때는 접착식 메모지에 적어 교과서 여백에 붙여두면 좋습니다. 이렇게 하면 복습할 때 다시 쓰지 않고도 더 좋은 위치로 옮겨 붙일 수도 있고, 떼어서 아예 공책으로 옮길 수도 있어서 유용해요.

3. 선생님의 강조점은 꼭 표시

집에서 교과서로 혼자 공부를 하려면 무엇이 중요한지, 핵심은 무엇인지 알기 어려울 때가 있습니다. 이때 선생님의 강조점이 교과서에 표시되어 있으면 혼자 공부할 때 핵심 잡기가 훨씬 쉽겠지요. 수업을 집중해서 듣고 있다가 선생님이 강조하시는 부분이나 중요한 내용이 나오면, 그 내용을 교과서에서 찾아서 연필로 재빨리 동그라미, 별표 등으로 표시를 해보세요. 책의 여백에 이해에 도움이 되었던 선생님 말씀을 연필로 받아 적을 수도 있습니다. 수업에 집중도 잘 되고 복습할 때도 좋은 실마리를 얻을 수 있답니다.

4. 깔끔하게

교과서에 낙서는 되도록 금물입니다. 교과서에 메모와 덧붙이는 글, 그림도 주요 내용을 해치지 않는 선에서 해야 합니다. 아무리 내 책이라도 지저분하면 보기 싫어지거든요. 교과서는 이름을 쓰고, 찢어지거나 상하지 않도록 유지하면서 소중히 여깁니다.

5. 질문에 정성껏 답하기

교과서에는 여러 질문이 있습니다. 이 질문들은 학생의 사고를 유도하고 내용을 파악하도록 돕는 역할을 하지요. 교과서 질문들의 답을 작성할 때는 정성껏 답하는 습관을 가져야 합니다. 이렇게 작성해 놓은 내용들은 복습할 때 내가 지금껏 공부해 온 내용을 잘 돌아볼 수 있게 해주어 복습을 훨씬 쉽게 해준답니다.

6. 중요 표시는 신중하게

수업 시간에 중요하다고 이야기를 하면 즉시 형광펜을 꺼내서 문장 전체에 길게 줄을 치는 학생들이 있습니다. 이렇게 하는 편이 아무 표시를 하지 않는 것보다는 낫겠지요. 하지만 이렇게 전체에 중요 표시를 하면 고칠 수 없을뿐더러 교과서 전체가 형광펜으로 뒤덮여 진짜 중요한 내용을 표시해도 표가 나지 않습니다. 모든 것이 다 중요하다면 결국 더 중요한 것은 없는 셈이니까요. 그러니 교과서에 하는 중요 표시는 지울 수 있는 도구를 사용하거나 또는 정말 중요하다고 생각되는 부분에만 신중하게 표시하는 것을 잊지 마세요.

복습 시간 마련하기

복습을 시작하려면 우선 일상생활에서 매일 복습할 시간을 마련해야 해요. 그런데 여러분은 평소에 시간을 어떻게 사용하고 있나요? 매일을 지내다 보면 하루가 어떻게 지나가고 있는지 잘 모를 때가 많아요. 이럴 때는 내가 사용하는 시간을 자세히 적어보면 좋아요.

시간	하는 일				
	월	화	수	목	금
오전 6:00-7:00	잠자기				
7:00-8:00					
8:00-9:00	아침식사, 등교 준비, 등교				
9:00-10:00	학교 수업				
10:00-11:00					
11:00-12:00					
오후 12:00-1:00	점심식사				
1:00-2:00	6교시 수업, 하교				
2:00-3:00	축구	휴식	친구와 놀기	휴식	기타교실
3:00-4:00		영어 학원		영어 학원	휴식
4:00-5:00	간식, 씻기		간식		?
5:00-6:00	휴식		반려견 산책		반려견 산책
6:00-7:00	저녁식사				
7:00-8:00	휴대폰, 반려견과 놀기				
8:00-9:00	휴식	휴식	학원숙제	독서, 독서록 쓰기	학원숙제
9:00-10:00	수학 문제집	일기, 숙제			
10:00-11:00	씻기, 가족들과 놀기, 독서				
11:00-12:00	잠자기				

이 일과표는 어느 초등학생의 일주일을 적어본 것입니다. 일과표를 보니 이 학생은 매일 같은 시간은 아니지만 하교 후 1시간 정도의 여유시간이 있네요. 이런 경우 매일의 복습 시간을 다음과 같이 정할 수 있습니다.

나의 복습 시간 **매일 하교 직후 1시간: 월(5시), 화수목(2시), 금(3시)**

여러분도 오른쪽 〈해보기〉에 나의 평소 일과를 적어보고, 그 시간 중 매일 1시간을 복습 시간으로 정해보세요. 복습 습관 만들기에는 매일 같은 시간을 내는 것이 가장 좋지만, 그렇게 할 수 없다면 일주일 일정을 고려해서 귀가한 직후, 저녁 먹은 후와 같이 비교적 규칙적인 시간으로 복습 시간을 마련하는 것도 좋습니다. 단, 놀기와 휴식을 다 마친 밤 시간으로 정하기보다는 정신이 맑고 의욕이 넘치는 낮 시간에 복습을 하고, 놀이와 휴식을 그 이후에 하는 것으로 정하는 편이 복습 성공에 유리합니다.

나의 평소 일과를 적어봅시다.

시간	하는 일				
	월	화	수	목	금
오전 6:00–7:00					
7:00–8:00					
8:00–9:00					
9:00–10:00					
10:00–11:00					
11:00–12:00					
오후 12:00–1:00					
1:00–2:00					
2:00–3:00					
3:00–4:00					
4:00–5:00					
5:00–6:00					
6:00–7:00					
7:00–8:00					
8:00–9:00					
9:00–10:00					
10:00–11:00					
11:00–12:00					

▌ 나의 일과에서 매일 복습하기 좋은 시간은 언제인가요?

> **나의 복습 시간**

▌ 성공적인 복습을 하고 싶나요? 그렇다면 계획한 시간에 복습을 미루지 않고 즉시 하기로 다짐하며 아래 문장을 적어보아요.

내가 계획한 시간에 매일 복습할 거예요.

이제 내가 정한 이 시간에 일주일에 최소 3번, 최대 5번 습관이 될 수 있도록 꾸준히 복습해 봅시다. 처음에는 어렵더라도 정한 복습 시작 시간을 최대한 지키는 것이 중요해요. 그래야 복습 습관이 만들어져 힘이 덜 들고 복습을 오랫동안 할 수 있거든요. 그럼 첫 복습은 지금 정한 나만의 복습 시간을 지켜서 시작해 봅시다!

복습 기본과정(3, 4학년용)

배움 공책과 문제집을 활용해요

스스로 하는 복습이 처음인 3, 4학년은 우선 실천하기 쉬운 방법으로 매일 그 날 배운 것을 익히는 생활습관을 갖는 것이 중요합니다. 그래서 3, 4학년 학생들은 기본과정인 '배움 공책 후 문제집 풀기'로 매일 복습하기를 추천합니다.

대　상　필기가 부담스러운 3, 4학년 학생 / 스스로 공부를 처음 시도하는 5, 6학년 학생

준비물　배움 공책, 교과서, 과목별 문제집(수학 포함)

방　법

Step **1**	Step **2**	Step **3**
연상하기로 배움 공책 작성하기	교과서 읽고 배움 공책 내용 보충하기	문제집 풀기
1. 배움 공책		2. 문제집

❶ 정한 시간에 복습 시작!

❷ 1단계 : 교과서 보지 않고 수업 내용을 떠올려 배움 공책 쓰기

　 2단계 : 교과서 읽고 새로 알게 되거나 빠진 내용을 배움 공책에 보충하기

　 3단계 : 오늘 배운 부분 과목별 문제집 풀기

❸ 부모님 또는 선생님께 채점 부탁하기(학생이 직접 채점해도 돼요.)

❹ 틀린 문제는 교과서로 틀린 이유 알아내어 다시 풀기

배움 공책은 교과서 짝꿍!

작성일 : 　월　　일　요일

교시	공부한 내용
1교시 **사회**	인문환경과 자연환경에 대해 배웠다. (교과서 보충) 사람들이 만든 환경을 인문환경이라 하고, 이것은 자연환경을 이용해서 만든 것이다.

\# 배움 공책에는 그날 배운 내용 중 가장 중요하다고 생각되는 내용을 적으려 노력해요.

\# 배움 공책을 쓴 후에는 교과서를 펴서 내가 쓴 내용과 교과서 내용을 비교해요.

문제집 풀기 To-Do List

과목	문제집 쪽수	풀기	채점 후 확인
사회	핵심사회 △△정복 13~14쪽	☑	☑
		☐	☐
		☐	☐
		☐	☐
		☐	☐

\# 문제집 풀기를 시작할 때 오늘 배운 내용에 해당하는 부분을 모두 펴서 쌓아두고, 다 풀 때마다 한 권씩 덮어가며 해결하면 뿌듯하고 재밌어요.

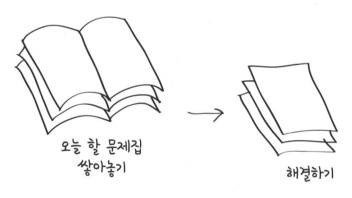

오늘 할 문제집
쌓아놓기

해결하기

\# 문제집은 틀린 문제를 통해 몰랐던 부분을 찾아내 그 내용을 아는 것이 중요하다는 것을 잊지 마세요!

PART

2

알자배기
복습 실행

알자배기 복습법

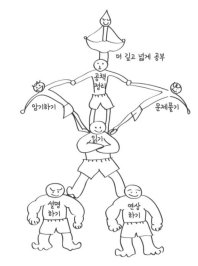

알자배기 복습법이란?

출력식으로 공부하자고, 교과서도 열심히 읽자고 마음먹어도, 매일 복습을 하다 보면 자꾸만 문제집 풀기, 강의 다시 듣기와 같은 예전에 하던 편한 방법으로 돌아가게 되죠. 좋은 복습은 생각 속에만 있을 뿐 점점 실행하기 어렵게 됩니다.

알자배기 복습법은 출력식 공부법과 교과서 읽기, 탁월함의 추구 등 효과적인 복습에 필요한 요소들을 초등학생이 실천할 수 있는 활동으로 구성한 과목별 복습 루틴(routine)*입니다. 각 과정에 효과적인 복습의 원칙들을 반영했기에 4단계 복습 과정을 따라 하는 것만으로도 생각하는 방식의 효율적인 복습을 실천할 수 있습니다. 알자배기 복습법은 크게 4단계로 되어 있어요.

———

* 루틴(routine): 규칙적으로 하는 일의 통상적인 순서와 방법

복습 1단계: 무기 확인

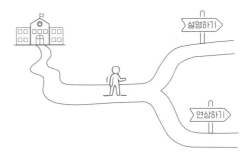

학교 수업이 끝나고 만나는 첫 관문인 복습 1단계는 〈무기 확인〉 단계입니다. 학교에서 여러 가지를 배웠지만 배운 내용을 다 아는 것은 아니지요. 심지어는 내가 뭘 알고 모르는지조차 잘 모를 때도 있어요. 그래서 복습을 시작할 때 첫 번째 할 일은 내 손에 남은 지식 무기가 무엇이 있는지 확인해 보는 것입니다. 바로 내 알고 있는 것을 출력해 보는 일입니다. 배운 지식을 출력할 수 있으면 아는 것이고, 출력할 수 없으면 모르는 것이니까요.

복습 2단계: 무기 수집

복습 2단계는 〈무기 수집〉 단계입니다. 즉 교과서 읽기예요. 1단계에서 기억이 안 나서 쓸 수 없었던 내용, 배웠는지조차 몰랐던 내용을 교과서를 읽어서 찾아내는 단계지요. 그래서 무기 수집이에요. 이 단계에서 수업 시간 동안 놓쳤던 지식, 안다고 생각했는데 제대로 아는 것이 아니었던 지식이 분명해지고 깨달아지는 경험을 해 보세요. 교과 지식은 물론 교과서를 직접 읽고 이해하는 문해력도 자라나게 될 거예요.

복습 3단계: 무기 제작

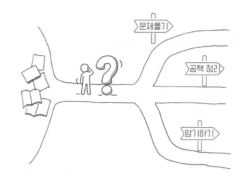

3단계는 수집한 정보들을 사용해서 무기를 제작할 차례예요. 머릿속에 뒤죽박죽으로 담긴 내용들을 공책에 정리하고, 문제를 풀면서 적용해 볼 거예요. 눈으로만 보고 끄덕였던 내용은 이제 암기해서 완전히 내 것으로 만들어요. 하지만 과목의 특성별로, 또 내 공부의 필요에 따라 이제부터 해야 할 활동은 잘 골라서 할 필요가 있어요.

복습 4단계: 무기 업그레이드

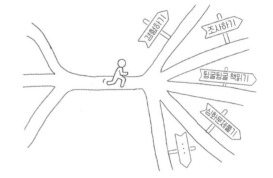

드디어 복습이 마무리되어 가요. 이제부터 하는 복습은 오늘 배운 내용이 아닐 수도 있고 한 시간 만에, 오늘 하루 만에 마무리되지 않을 수도 있어요. 복습 4단계는 무기 업그레이드 단계거든요. 무기를 어떻게 업그레이드할지는 전적으로 나의 흥미와 필요에 달려있어요. 내가 필요해서, 더 알고 싶어서 하는 공부니까 다양한 방법으로 재미있게 하면 돼요. 느긋하게 책을 읽기도 하고, 인터넷으로 조사도 하면서 내 공부는 이제 학교 공부를 벗어나 미지의 세계로 쭉~쭉~ 뻗어갈 거예요.

알자배기 복습 단계 요약

단계	방법
1단계 무기 확인	연상하기 / 설명하기
찍개 ← 사냥돌	수업을 들은 후 내게 남아있는 지식을 확인한다. 내가 무엇을 알고 무엇을 모르는지 스스로 판단해 보는 단계.
2단계 무기 수집	교과서 읽기
좋은 돌이네! 담아가자~	수업 때 잊어버렸거나 놓친 지식을 교과서를 읽어서 수집한다.
3단계 무기 제작	공책 정리하기 / 문제 풀기 / 암기하기
깡~ 깡~	공책 정리, 문제 풀기, 암기하기 등 과목별로 알맞은 방법을 선택하고 수집한 지식을 가공하여 내 것으로 만든다.
4단계 무기 업그레이드	더 깊고 넓게 공부하기
	독서, 경험, 심화문제 등으로 수업 시간에 배우지 않은 내용까지 지식을 확장한다.

석기시대로 실행하는 알자배기 복습

매일 복습이 어느 정도 익숙해진 학생이라면 이제 본격적으로 알자배기 복습에 도전해 봅시다. 이 과정은 초등 고학년 학생이 직접 실행하기 좋도록 5, 6학년 교육과정을 중심으로 구성되어 있습니다.

대 상   매일 스스로 조금씩 공부할 준비가 된 5, 6학년 학생

준비물   연상 공책(백지복습용), 교과서, 문제집·공책 등 과목별 준비물, 필기도구

방 법

Step **1**	Step **2**	Step **3**	Step **4**
연상하기 또는 설명하기	교과서 읽기	과목별 학습법으로 복습	배운 것과 관련하여 내가 정한 활동하기
매일 복습			확장 복습

　　알자배기 복습을 익히기 위한 연습기간은 총 20일(4주간)이며 복습은 국어, 수학, 사회, 과학, 영어를 중심으로 합니다.

알자배기 복습 익히기 계획표

		1일 국어	2일 수학	3일 사회	4일 과학	5일 영어
1주차	연상하기	1 2 3 4	1 2 3 4	1 2 3 4	1 2 3 4	1 2 3 4
		6일 국어	7일 수학	8일 사회	9일 과학	10일 영어
2주차	교과서 읽기	1 2 3 4	1 2 3 4	1 2 3 4	1 2 3 4	1 2 3 4
		11일 국어	12일 수학	13일 사회	14일 과학	15일 영어
3주차	과목별로 익히기	1 2 3 4	1 2 3 4	1 2 3 4	1 2 3 4	1 2 3 4
		16일 국어	17일 수학	18일 사회	19일 과학	20일 영어
4주차	지식 확장하기	1 2 3 4	1 2 3 4	1 2 3 4	1 2 3 4	1 2 3 4

여러분은 앞으로 20일간 하루에 한 과목, 한 방법씩 복습 방법을 배우게 됩니다. 1주는 연상하기 방법, 2주에는 교과서 읽는 방법, 3주에는 과목별로 익히는 방법, 4주에는 공부한 내용을 과목별로 확장하는 방법을 실제로 해보며 익힙니다. 과목도 일주일 단위로 순환하게 되어있어 책의 순서에 맞추어 매일 복습하면 어느새 다섯 과목을 고르게 익히게 되지요.

과목별 복습은 주가 지날 때마다 단계를 하나씩 더해갑니다. 이번 주에는 영어 복습을 1단계 방법으로 했다면, 다음 주에는 1 · 2단계로, 그다음 주에는 1 · 2 · 3단계로 하게 돼요. 이렇게 단계별로 조금씩 복습량을 늘려가다 보면 시간이 지날수록 복습이 몸에 배고, 효과적으로 내 공부를 늘려가는 법도 터득할 수 있을 거예요.

자, 그럼 출발해 볼까요?

무기 확인 연습

내가 지금 가진 무기는?

딩↗동↘댕↗동↘

수업을 마치는 종이 울렸습니다. 만만치 않았던 오늘의 배움도 끝이 나고, 이제 여러분의 발걸음은 집으로 향합니다. 조금은 지친 몸을 이끌고 집으로 돌아오는 여러분의 모습은 마치 지금 막 사냥을 마치고 돌아오는 석기시대인 같습니다. 어느덧 집이 보이네요. 구석기인의 집은 동굴집에 불과하지만 사냥을 끝내고 돌아오는 이의 눈에는 가족이 기다리는 편안하고 안락한 휴식처였을 것입니다. 사냥하느라 부지런히 움직였던 다리는 뻐근해 오고, 잊고 있었던 허기도 밀려옵니다.

집에 도착한 석기시대인인 여러분은 동굴 한쪽에 벌렁 누워서 피곤한 팔다리를 주물러 봅니다. 오늘 사냥은 정말 대단했습니다. 옆집 철수네와 힘을 합쳐 검치호랑이를 공격했는데 날쌔고 힘 좋은 녀석을 제압하는 것이 만만치 않았습니다. 결국 무기들만 잃고 놓쳐버렸네요. 맛있는 고기는 물론 따뜻하고 질 좋은 가죽을 얻을 기회였는데 말이죠.

'으, 아까워.'

하지만 이렇게 누워만 있을 때가 아닙니다. 당장 내일도 사냥을 나갈 텐데 오늘 격렬하게 싸우느라 중요한 무기를 여럿 잃었기 때문입니다.

다음 사냥을 준비하려면 먼저 손에 남아있는 무기가 무엇인지 파악해야 합니다. 그런데 집에 남은 도구를 찾아보니 나무 다듬을 때 쓰는 찍개뿐이고, 쓰기 좋던 주먹도끼는 오늘 사냥 중에 잃어버렸습니다. 사냥돌은 멀리서 사냥감을 공격하기 좋은데 무리하게 쓰다 보니 현재 딱 2개 남았네요.

Step **1**	Step **2**	Step **3**	Step **4**
연상하기 또는 설명하기	교과서 읽기	과목별 학습법으로 복습	배운 것과 관련하여 내가 정한 활동하기

이번 주에는 과목별로 1단계 방법을 사용하여 학교에서 얻은 지식 무기가 내 머릿속에 잘 있나 확인할 거예요. 방법은 간단해요. 아무 자료도 보지 않고 배운 내용을 써 보거나 말해 보는 것이지요.

1 Day 국어 | 연상 복습하기

공부한 날:　　월　　일 | 😃 🙂 😐 😣 😫 😴

연상하기의 다른 이름은 백지 복습이에요. 빈 종이 한 장에 그날 배운 내용을 기억나는 대로 최대한 써보는 연상 방법이지요. 수업 시간에 배운 내용 중에 떠오르는 내용이라면 무엇이든지 자유롭게 그리거나 써봅니다. 빈칸이 넓어 부담스러운 학생은 1쪽을 4칸으로 나누어 한 칸에 한 과목씩 써도 좋아요.

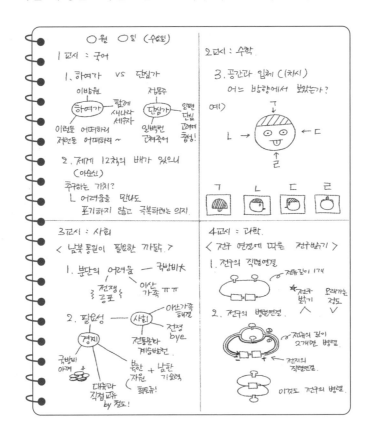

\# 4칸으로 나눠진 수학 공책을 사용하거나 줄 없는 연습장을 세로로 접어 사용해요.

\# 그림도 그리고 글씨도 쓰며 배운 내용을 나만의 방식으로 재미있게 출력해 봐요.

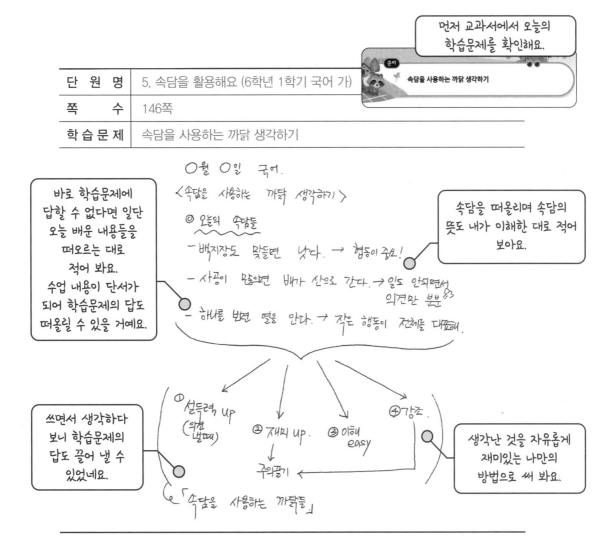

국어 **학습문제에 답하기**

국어 연상하기 복습에서 쓸 내용은 바로 오늘 배운 차시의 **학습문제** 답입니다. 학습문제는 보통 오늘 배운 교과서 페이지의 가장 첫머리에 있어요. 먼저 학습 문제를 백지 복습장에 옮겨 적은 후에 오늘 수업 시간에 배운 내용에서 '학습 문제의 답이 될 만한 내용은 무엇이 있나'를 생각해 봅니다.

먼저 교과서에서 오늘의 학습문제를 확인해요.

단 원 명	5. 속담을 활용해요 (6학년 1학기 국어 가)
쪽 수	146쪽
학 습 문 제	속담을 사용하는 까닭 생각하기

준비 속담을 사용하는 까닭 생각하기

단 원 명	(6-1나) 8. 인물의 삶을 찾아서
쪽 수	264~273쪽
학습문제	인물이 추구하는 가치 파악하기

> 국어 연상하기라고 해서 꼭 글로 정리할 필요는 없어요. 도표나 그림, 생각그물 등을 이용해서 떠오르는 것들을 최대한 써 봅시다.

○월 ○일 국어.

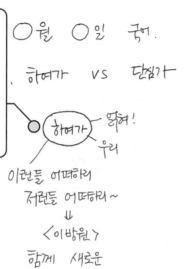

1. 하여가 VS 단심가

하여가 ─ 떨려! 우리

이런들 어떠하리
저런들 어떠하리~
⇓
<이방원>
함께 새로운
나라를 세우자!

> 공부한 본문이 문학 작품이었다면 글의 중심생각을 떠올려 써 봐요.

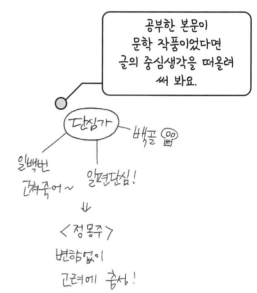

단심가 ─ 백골🪦

일백번 고쳐죽어~   일편단심!
⇓
<정몽주>
변함없이
고려에 충성!

2. 제게 12척의 배가 있으니. - 이순신.

> 글에 나왔던 주요 사건이나 인물의 말, 행동 등을 생각하다 보면 글이 말하고자 하는 바도 떠오르겠지요.

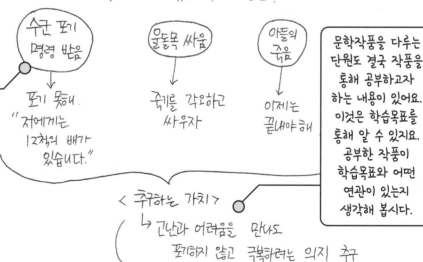

수군 포기
명령 반응

포기 못해.
"저에게는
12척의 배가
있습니다."

울돌목 싸움

죽기를 각오하고
싸우자

아들의 죽음

이제는
끝내야해

> 문학작품을 다루는 단원도 결국 작품을 통해 공부하고자 하는 내용이 있어요. 이것은 학습목표를 통해 알 수 있지요. 공부한 작품이 학습목표와 어떤 연관이 있는지 생각해 봅시다.

< 추구하는 가치 >
ㄴ 고난과 어려움을 만나도
포기하지 않고 극복하려는 의지 추구

해보기 　국어 연상 복습을 해 봅시다!

단 원 명	
쪽　　수	
학 습 문 제	

YouTube 강의 QR코드

1단계 복습에
설명하기 방법도 있어요

설명하기 복습은 배운 내용을 말로 설명해 보는 방법이에요. 도구 없이 '오늘 국어 시간에는 ~' 하고 바로 수업 시간의 핵심 내용을 말해 보아도 되고, 빈 종이나 화이트보드, 메모보드 등에 마치 선생님이 판서하며 설명하듯 내용을 적어가며 설명해도 좋아요.

혼자 말하기가 어려운 학생은 부모님이나 형제, 친구를 방에 초대해 수업하듯 말해 봐요. 다른 사람이 없다면 인형을 앉혀 놓고 학생이라 생각하며 설명해도 돼요. 영상 촬영을 좋아하는 학생이라면 설명하는 내 모습을 영상을 찍어 보는 것도 좋은 방법입니다.

이렇게 학교놀이 하듯 배운 내용을 설명해 보면 재미도 있고, 이해가 부족해서 설명하기 어려운 부분도 쉽게 찾아집니다. 글씨 쓰기보다 말하는 것이 더 편한 학생들, 공부를 더욱 활기차게 해보려는 학생들에게 추천해요.

이렇게 말해 봐요!

1 오늘 배운 것을 한 단어로 표현해요 :

오늘 과학시간에 배운 내용은 A예요.

2 그 단어가 무엇인지 설명해요 :

A는 뭐냐 하면 ~를 말하는 것 이예요.

3 배운 내용의 예시를 말해요 :

A의 예를 들면 ~ 것들이 있어요.

\# 잘 말했다면 '역시! 나 공부 잘 했네!' 하고 스스로를 칭찬해요.

\# 부족한 부분이 있다면 복습 2단계로 넘어가서 확인해요.

2 Day 수학 | 연상 복습하기

수학 개념과 원리 떠올리기

교과서를 보지 않은 채로 오늘 수학 수업에서 배운 개념(약속하기), 원리(계산 방법)을 떠올리고 이것을 설명하거나 예를 들어봅시다.

단 원 명	비와 비율 (6학년 1학기)
쪽 수	78쪽
학 습 문 제	비율을 알아볼까요?

〈백지복습〉 수학 (6-1) 78p 비율을 알아볼까요?

비율이 뭐지? 비를 나눈 것.

비는 뭐였더라? ○ → 2 ÷ 3 ?
                        3 ÷ 2 ?

2 : 3
비교하는 기준량
양

> 오늘 배운 개념이 잘 떠오르지 않는다면 관련되거나 비슷한 다른 개념들은 무엇이 있었나 생각해 봐요.

(3에 대한 2의 비
  2의 3에 대한 비)

2가 주인공
비교하는 양이 주인공 ★
3은 기준, 들러리

> 개념을 이해하기 위한 생각 과정을 나 자신에게 말하듯 써 봅니다. 내가 무엇을 모르나 분명히 알게 돼요.

그러니까 2 : 3 을 비율로 나타내면

②÷ 3 = 2/3 ← 비율
    1
3을 기준으로   기준량   3을 1로
생각할 때   생각했을때
3에 비해 상대적으로   2가 차지하게
얼마나 큰지, 작은지 비교하게 되는 양.
되는 양.
비교하는 양

> 외워서 쓰기보다는 내가 이해한 말로 써 보는 것이 중요해요.

단 원 명	분수의 덧셈과 뺄셈 (5학년 1학기)
쪽 수	88쪽
학 습 문 제	분수의 덧셈을 해 볼까요?(2)

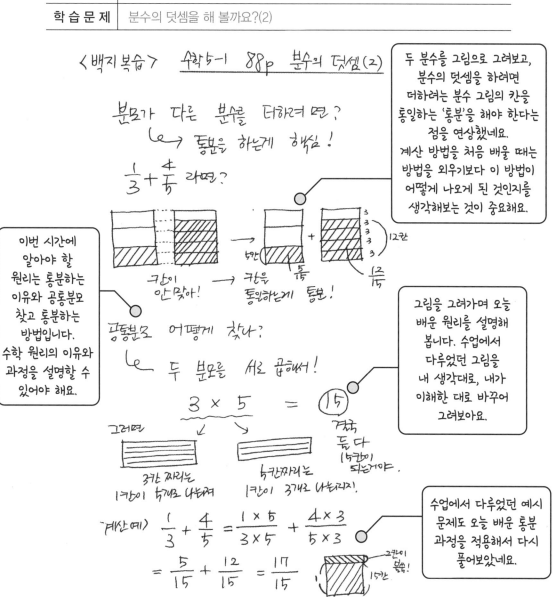

〈백지복습〉 수학5-1 88p 분수의 덧셈(2)

두 분수를 그림으로 그려보고, 분수의 덧셈을 하려면 더하려는 분수 그림의 칸을 통일하는 '통분'을 해야 한다는 점을 연상했네요. 계산 방법을 처음 배울 때는 방법을 외우기보다 이 방법이 어떻게 나오게 된 것인지를 생각해보는 것이 중요해요.

분모가 다른 분수를 더하려면?
↳ 통분을 하는게 핵심!

$\frac{1}{3} + \frac{4}{5}$ 라면?

이번 시간에 알아야 할 원리는 통분하는 이유와 공통분모 찾고 통분하는 방법입니다. 수학 원리의 이유와 과정을 설명할 수 있어야 해요.

칸이 안맞아! → 칸을 통일하는게 통분!

$\frac{5}{15}$ $\frac{12}{15}$

공통분모 어떻게 찾나?
↳ 두 분모를 서로 곱해서!

그림을 그려가며 오늘 배운 원리를 설명해 봅니다. 수업에서 다루었던 그림을 내 생각대로, 내가 이해한 대로 바꾸어 그려보아요.

$3 \times 5 = \boxed{15}$

그러면

3칸 짜리는 1칸이 5개로 나눠져

5칸짜리는 1칸이 3개로 나눠지지.

갸쭉 둘 다 (15칸이 되는거야.

수업에서 다루었던 예시 문제도 오늘 배운 통분 과정을 적용해서 다시 풀어보았네요.

계산예) $\frac{1}{3} + \frac{4}{5} = \frac{1 \times 5}{3 \times 5} + \frac{4 \times 3}{5 \times 3}$

$= \frac{5}{15} + \frac{12}{15} = \frac{17}{15}$

2칸이 목속!

15칸

단 원 명	
쪽 수	
학 습 문 제	

단 원 명	
쪽 수	
학 습 문 제	

공부한 날:　　월　　일 | 😀 🙂 😐 😣 😫 😵

사회 **핵심어와 뜻 쓰기**

사회 1단계 복습은 설명하기 또는 종이에 쓰는 연상하기 모두 해 볼 만해요. 오늘 사회 수업 내용에서 가장 중요한 단어는 무엇일까요? 수업의 핵심어와 그 뜻을 쓰려고 노력해 봅니다. 외워서 써야 한다는 생각은 버리고 수업 시간에 내가 이해한 대로, 기억한 대로만 써 보자고 생각하면 좀 더 쉬워집니다.

단 원 명	1. 우리나라의 정치발전 [1]민주주의의 발전과 시민의 참여 (6학년 1학기)
쪽　　수	26~28쪽
학 습 문 제	6월 민주 항쟁이후 민주화 과정을 알아봅시다.

오늘 수업에서 알아야 할 가장 중요한 단어가 무엇일까 생각해 보고 그 뜻을 써 봐요.

오늘시 : 사회.

우리나라의 민주화 과정.

6.29 민주화 선언

수업에서 중요한 단어들을 나열하고, 그 단어들의 관계를 생각해 보면 수업 내용의 큰 그림이 그려져요.

대통령 직접 뽑았다. by 국민의 손

잘 못하면. 구민소환제!

지방자치제 지역의 일은 지역 주민들이 선출한 사람들이 결정하는 제도.

6.29 민주화 선언으로 대통령 직선제와 지방 자치제가 실시되었고, 지방자치제를 보완하는 제도로 주민 소환제가 있음을 생각했네요.

해 보 기 　　사회 연상 복습을 해 봅시다!

단 원 명	
쪽　　　수	
학 습 문 제	

과학 | 연상 복습하기

공부한 날:　월　일 | 😄 🙂 😐 😣 😮 😵

과학　**실험 생각하며 학습문제 답하기**

과학은 오늘 한 실험을 떠올리면 복습이 쉬워집니다. 그 실험을 통해서 어떻게 학습문제에 답을 할 수 있을까 생각하다 보면 수업의 핵심도 떠올릴 수 있을 거예요.

단 원 명	3. 여러 가지 기체 (6학년 1학기)
쪽 수	54~55쪽
학 습 문 제	이산화탄소에는 어떤 성질이 있을까요?

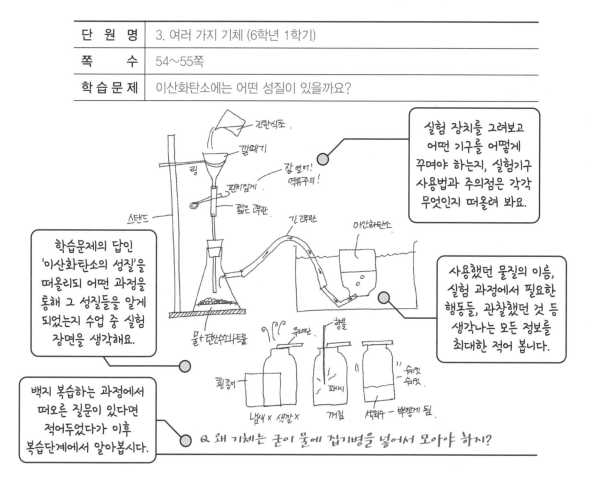

해 보 기　　　과학 연상 복습을 해 봅시다!

단 원 명	
쪽 　 수	
학 습 문 제	

영어 | 연상 복습하기

공부한 날:　월　일 | 😀 🙂 😐 😣 😱 😫

영어 주요 표현 말하고 써 보기

영어는 연상 복습이 쉬운 과목입니다. 배운 표현을 생각해 보고 떠오른 것을 그대로 써보면 되거든요. 영어는 쓰는 동시에 말해보면 더욱 좋아요. 기억나는 단어나 표현을 자신 있게 쓰거나 말할 수 있는지 스스로 테스트해 보세요.

단 원 명	I will join a book club(5학년 YBM_최희경)
쪽 수	84~87쪽
학 습 문 제	계획을 나타내는 표현 말하기

> 영어 수업에는 단원을 대표하면서 4~6차시 동안 반복해서 다루는 핵심문장이 있습니다. 이 문장들을 잘 기억하고 있나 확인해 보세요.

< 7. I will join a book club

* What will you do this summer?
　 I will visit my grandparents.
(이번 여름에 무엇을 할 계획이니?
　 나는 할아버지, 할머니댁 에 갈거야.)

> 수업 시간에 다룬 단어들을 자신 있게 읽고 쓸 수 있는지, 뜻은 알고 있는지 확인해 봅니다.

* [join 참여하다. 참가하다.　　(take) swimming lessons. 수영 강습을 받다.
　 ride 타다.　　ride my bike. 자전거를 타다.]

* How about you? 되묻기 ~. 넌 어때?
* That sounds fun. 그것 재밌게 들린다.
　 ~ 하게 들린다　　= 관심의 표현.
　　　　　 interesting. 흥미로운.

> 핵심 문장 외에 수업 시간에 듣거나 사용했던 문장도 적어보고 뜻을 생각해 봅니다.

해보기   영어 연상 복습을 해 봅시다!

단 원 명	
쪽 수	
학 습 문 제	

무기 수집 연습

좋은 돌이네! 담아가자~

수업 후 잊어버렸거나 놓친 지식은
교과서를 읽어서 수집한다

동굴에 흩어져 있던 남은 무기 점검을 마친 여러분은 생각합니다.

'언제라도 사냥감을 만날 수 있는데 내가 이럴 때가 아니지!'

잃어버린 사냥 도구를 대신할 도구를 만드는 것이 시급한 지금, 가장 먼저 할 일은

쓸 만한 무기 재료를 찾는 것입니다. 그러나 걱정할 필요는 없어요. 마침 우리 가족

이 사는 동굴 아래쪽에 무기가 되기 좋은 잔돌이 많은 곳을 보아 두었거든요.

그럼 함께 가 볼까요? 웃~차~

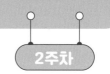

역시 이 장소에는 무기 만들기 괜찮은 돌들이 참 많네요. 근처를 전체적으로 둘러보면서 쓸 만해 보이는 돌들은 일단 다 챙겨 봅니다.

'이 돌은 도끼 만들기에는 작지만 슴베찌르개 만들기에는 괜찮겠어.'

이렇게 조그마하면서도 단단해서 날카롭게 다듬기 좋은 돌은 만나기가 쉽지 않은데 뭔가 횡재한 기분까지 듭니다.

Step 1	Step 2	Step 3	Step 4
연상하기 또는 설명하기	교과서 읽기	과목별 학습법으로 복습	배운 것과 관련하여 내가 정한 활동하기

이제 앞으로 5일간은 2단계 복습인 교과서 읽기를 연습해 봅시다. 무기 재료 수집에 나선 석기시대인처럼 여러분도 수업 시간에 놓쳤거나 이해가 부족했던 지식을 교과서 읽기를 통해 모아보려 합니다. 교과서는 정말이지 자원의 보고거든요.

교과서 읽기는 학년이 올라갈수록 중요해지는 활동이지만 정작 중요성을 깨닫고 실천하는 학생은 드뭅니다. 그러나 많은 우등생이 교과서를 면밀히 읽는 습관을 지녔음을 눈여겨볼 필요가 있습니다. 이 자원의 보고를 잘 활용할 수 있는 학생의 지식 무기는 분명히 남다릅니다.

이번 5일간은 그날에 해당하는 과목 1단계 복습을 먼저 한 후에 교과서 읽기 복습을 합니다. 과목별 교과서의 특징에 주의하며 교과서를 자세히 읽다 보면 수업이 말하는 핵심을 더욱 쉽게 파악할 수 있을 것입니다.

YouTube 강의노트

요지와 세부내용을 파악하는 효과적인 교과서 읽기

복습할 때 교과서를 읽는 학생은 사실 많지 않아요. 교과서보다는 요약정리된 참고서를 보거나 내용 확인 없이 문제부터 풀려는 학생들이 대부분이지요. 하지만 수업에서 배워야 할 내용이 가장 정확하게 나와 있는 책은 교과서예요. 교과서를 찾아보는 습관, 교과서를 읽고 핵심을 찾아낼 수 있는 능력을 갖춘다면 여러분은 공부에 결정적인 무기를 갖게 되는 것이라고 할 수 있어요.

3단계로 교과서 읽기

복습 2단계의 유일한 방법인 '교과서 읽기'는 교과서 글로부터 정보를 뽑아내는 일입니다. 동화책을 읽는 것과는 다르지요. 그래서 교과서를 읽을 때 중요한 것은 단순히 '읽었다'가 아니라 '유용한 정보를 찾아냈는가?'예요. 읽고 나서 얻어진 정보가 없다면 교과서 읽기가 제대로 되지 않은 것입니다. 교과서를 읽을 때는 정보를 찾아내겠다는 목표를 갖고 천천히, 여러 번, 꼼꼼하게 읽어가야 해요.

교과서는 **최소 3번**은 읽는다고 생각하세요. 그리고 문학작품을 읽는 경우가 아니라면 교과서 글은 읽을 때마다 각각 아래와 같은 목표를 갖고 읽는 것이 좋아요.

| 첫 번째 읽기 **요지파악** | 두 번째 읽기 **세부내용 찾기** | 세 번째 읽기 **분류하기** |

1. 첫 번째 읽기 : 요지 파악하기

교과서 글들은 대부분 설명하는 글입니다. 그러므로 첫 번째 읽을 때는 교과서 본문이 무엇에 대해 설명하려고 하는가를 생각해 봐요. 평소 책을 읽을 때처럼 일단은 먼저 큰 틀에서 교과서 글이 말하고자 하는 바를 파악하는 것이지요.

'이번 차시에서 말하고자 하는 바는 뭘까?'

우리는 교과서가 말하고자 하는 바를 알아내는 일종의 정보 탐정 놀이를 하는 것이나 마찬가지예요. 탐정이 단서를 놓쳐선 안 되겠죠. 교과서에 숨어있는 정보를 최대한 활용한다고 생각하세요. 단원 제목, 학습문제, 교과서 그림, 반복되는 말 등 요지를 파악할 수 있는 힌트는 교과서 곳곳에 숨어 있답니다.

글이 길고 요지를 파악하기 어렵다면 각 문단의 중심문장을 찾은 뒤에 그 문장 중에 가장 대표가 될 만한 문장을 생각해 보면 도움이 됩니다. 중심문장은 문단에서 문장 간의 관계를 생각해 보아 강조하거나 보충하는 문장을 지워내면 더 쉽게 찾을 수 있어요.

때로는 교과서 본문에서 핵심문장을 따로 찾을 수 없는 경우도 있는데, 이럴 때는 그 문단 옆 여백에 내가 파악한 핵심내용을 글씨로 써 두면 됩니다.

이렇게 찾은 글의 요지에 해당하는 문장이 바로 핵심문장이고 그 문장에서도 가장 중요한 단어가 핵심어예요. 핵심어와 핵심문장은 가장 중요한 부분이니 밑줄을 치거나 핵심어의 경우 형광펜 등으로 표시를 해두면 다시 읽을 때 이미 표시된 요지 부분을 보며 방향을 잃지 않을 수 있겠지요.

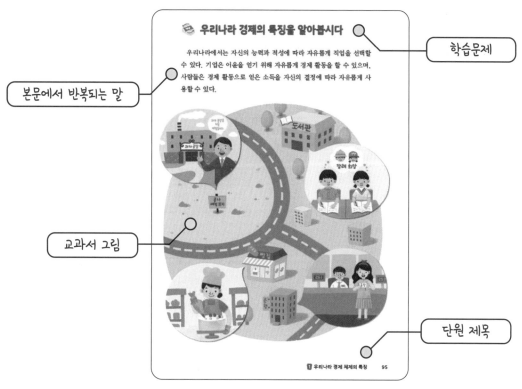

출처 : 6-1 사회 교과서 95쪽 ⓒ교육부

- 단원 제목 : **우리나라 경제 체제의 특징**
- 학습문제 : **우리나라 경제의 특징을 알아봅시다.**
- 반복되는 말 : **경제, 자유롭게 등**
- 교과서 그림 : **여러 가지 경제 활동하는 사람들의 모습들**

위 단서들을 통해 위 교과서 95쪽에서 말하고자 요지는 '우리나라 경제의 특징은 자유' 임을 알 수 있어요.

2. 두 번째 읽기 : 세부내용 파악하기

두 번째 읽을 때는 이제 교과서 글의 세부내용을 파악해 봅시다. 글에서 세부 정보를 얻으려 할 때는 한 문장에서 육하원칙(누가, 언제, 어디서, 무엇을, 어떻게, 왜)을 생각해 보면 좋아요. 그런데 육하원칙 중에서도 **누가, 무엇을** 했나가 나머지 정보보다 더 뼈대에 해당하는 정보라고 할 수 있어요. 그래서 두 번째 읽기에서는 문장마다 누가 무엇을 하는지를(주어-술어) 파악하고 누가에는 동그라미, **무엇을**에는 밑줄 표시를 하며 교과서를 읽어갑니다.

'누가, 무엇을 했지?'

이렇게 하면 각 문장이 무슨 말을 하려는가를 좀 더 쉽게 파악할 수 있어요. 표시를 해 두었기 때문에 다시 읽을 때도 내용 파악하는 시간이 절약 되요. 그러나 이 표시는 내용 파악을 위한 표시지 중요한 내용 표시는 아니기 때문에 가급적 연필로 합니다.

> 개인은 더 좋은 일자리를 얻으려고 다른 사람과 서로 경쟁을 하기도 하며, 기업은 보다 더 많은 이윤을 얻으려고 다른 기업과 서로 경쟁한다. 이러한 경쟁에서 앞서고자 개인은 자신의 능력과 실력을 높이려고 노력하며, 기업은 값싸고 품질이 좋은 물건을 만들고 그 물건을 홍보하고자 노력한다.

출처 : 6-1 사회 교과서 96쪽 ⓒ교육부

3. 세 번째 읽기 : 찾은 세부내용 분류하기

세 번째 읽기에서는 두 번째 읽기에서 찾은 세부 내용을 분류합니다. 분류는 옷을 서랍에 넣는 일과 닮았어요. 잘 개어진 옷을 상의, 하의로 구분해서 넣고, 하의 서랍에도 긴 바지는 긴 바지끼리, 치마는 치마끼리 넣어야 해요. 이게 바로 분류지요. 이제 우리는 오늘 수업이라는 서랍에 핵심어 별로 칸을 만들고, 그 안에 두 번째 읽기 때 찾아낸 세부내용을 분류해서 넣어볼 거예요.

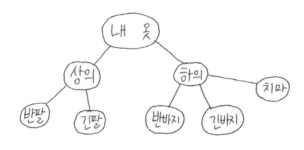

내 옷				
상의		하의		
반팔	긴팔	반바지	긴 바지	치마

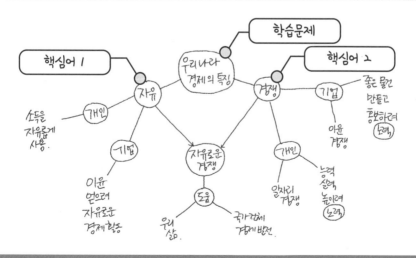

위 생각그물은 교과서에 동그라미와 밑줄 표시한 것으로 바탕으로 그린 생각그물입니다. 가장 중심이 되는 동그라미에는 학습문제를, 학습문제에 직접 연결되는 동그라미에는 핵심어를 배치해요.

두 번째 읽기에서 세부 내용은 '누가 – 무엇을'을 중심으로 표시해 두었었죠. 동그라미로 표시했던 '누가'에 해당하는 내용을 생각그물에서도 작은 동그라미로, '무엇을'에 해당하는 내용을 그 작은 동그라미의 하위 내용으로 써넣으면 자연스레 핵심어 기준으로 내용이 분류되지요. 개인과 기업의 여러 활동이 있지만 자유에 해당하는 개인과 기업의 활동, 경쟁에 해당하는 개인과 기업의 활동으로 분류한 셈이에요. 이 내용을 서랍에 담아 분류했다면 다음과 같은 모습이 될 거예요.

우리나라 경제의 특징			
자유		경쟁	
개인	기업	개인	기업
① 소득의 사용 ② 직업 선택	① 경제활동 ② 이윤추구	① 일자리 얻으려 ② 노력하여 실력 키움	① 이윤 얻으려 ② 좋은 물건 만들기, 홍보

이렇게 내용을 분류해 놓으면 문장으로 일일이 외우지 않고서도 '우리나라 경제의 특징은 자유이며, 개인은 이 원칙에 따라 자유롭게 소득을 사용하고 직

업도 선택할 수 있다.'와 같이 생각할 수 있어요. 어때요, 분류하니 내용이 정리가 되고 간결해졌죠. 이렇게 중심 내용을 기준으로 교과서 내용 분류해 놓은 것을 공책에 옮기면 그것만으로도 훌륭한 공책 정리가 됩니다.

과목별 교과서 요지

교과서들은 과목의 특성에 따라 저마다의 구조와 핵심 내용이 조금씩 달라요. 2단계인 교과서 읽기에서 파악해야 할 요지를 과목별로 정리해 보자면 다음과 같습니다.

국어	설명문	개념, 일의 순서나 방법, 전략
	이야기(문학)	중심생각
수학	약속(정의), 계산 방법(공식)	
사회	핵심문장과 핵심어	
과학	과학 용어, 실험(실험 목적과 방법, 결과)	
영어	주요 표현, 단어	

과목 특성을 생각하며 각 교과서를 읽으면 좀 더 쉽게 핵심 내용을 파악할 수 있어요.

6 Day 국어 | 교과서 읽기 복습

공부한 날:　　월　　일 | 😀 🙂 😐 😣 😮 😝

국어　중심생각을 찾아요

국어 교과서 글에는 문학일 경우 작품 속 중심생각, 문학이 아닐 경우 그 수업을 통해 학생이 배우기를 기대하는 생각 한 가지가 꼭 있답니다. 이번 시간에 교과서가 나에게 말해주려는 바가 무엇일까를 곰곰이 생각하며 교과서를 읽어갑니다.

① 기본 단계 개념 확인하기

국어 교과서는 각 단원이 '준비→기본→실천→정리'로 구성되어 있습니다. 그중에서도 '기본' 단계에는 이번 단원에서 꼭 알아야 할 개념, 순서, 방법 등이 담겨있어요.

　다음 표의 '3. 글을 요약해요' 단원의 각 차시 학습문제를 살펴보면 기본 단계에서 설명방법 종류, 요약하는 방법, 글 쓰는 방법 등이 나와 있음을 알 수 있어요. 이걸 잘 안다면 실천단계의 '자료 찾아 요약하기'도 거뜬히 할 수 있겠지요. 그래서 국어 교과서를 읽을 때는 단원의 **기본단계 내용**이 무엇인지 파악하는 것이 중요해요.

5학년 1학기 (가) 3. 글을 요약해요		
단계	학습문제	수업 활동
준비	설명하는 글을 읽은 경험 나누기	설명하는 글의 역할 알아봅니다.
기본	**여러 가지 설명 방법 알기**	**설명하는 글 쓰는 방법을 알아봅니다.**
	구조를 생각하며 글 요약하기	**글의 구조에 따라 글 요약합니다.**
	대상을 생각하며 설명하는 글쓰기	**설명하는 방법, 구조를 활용하여 안내에 따라 설명하는 글을 씁니다.**
실천	자료를 찾아 읽고 요약하기	자료를 찾고 설명 방법을 정하여 설명하는 글을 씁니다.
정리	되돌아보기 및 생활 속으로	배운 내용을 복습하고 정리합니다.

| 5학년 1학기 (가) 3. 글을 요약해요 단원 차시의 학습문제 |

② 교과서 본문과 주변 그림 보기

교과서 본문이 말하고자 하는 바를 파악하며 꼼꼼히 읽습니다. 글이 어렵고 집중이 잘 안 된다면 교과서 질문을 먼저 읽은 후 다시 글로 돌아와 답을 찾아가며 읽으면 도움이 됩니다.

읽다가 모르는 단어가 나오면 표시를 합니다. 수업 시간에 들었던 단어 뜻이나 내가 추측한 뜻을 단어 아래에 써 보는 것도 좋아요.

출처 : 5-1 국어(가) 교과서 62, 63쪽 ⓒ교육부

이렇게 해 두면 국어 3단계 복습 때 한 번에 모아 단어의 뜻을 정리하기에 편하답니다.

교과서를 읽을 때는 교과서 그림에 나온 말풍선이나 그림 속 글도 살펴봅니다. 국어 교과서 말풍선에는 이번 시간에 배우는 전략에 도움이 되는 중요한 단서들이 많이 나오니까요.

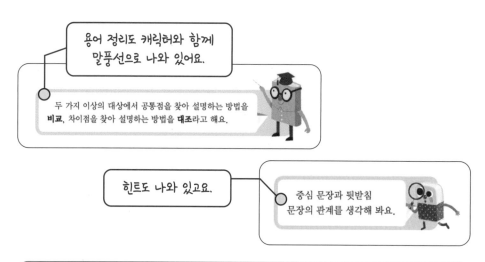

출처 : 5-1 국어(가) 교과서 99, 109쪽 ⓒ교육부

③ 교과서 질문 순서 살펴보기

교과서의 질문 순서는 곧 어떤 일을 할 때 필요한 절차를 뜻해요. 복습할 때 교과서 질문을 다시 읽어보며 일의 절차를 잘 기억해 두면 좋아요.

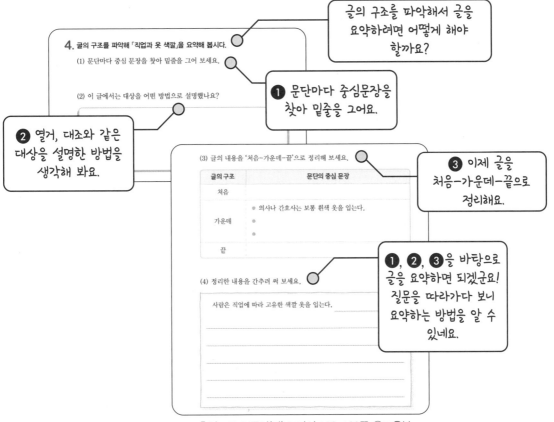

출처 : 5-1 국어(가) 교과서 108, 109쪽 ⓒ교육부

④ 질문의 답 확인하고 바로잡기

정답이 있는 질문의 경우 교과서 복습 때 내용을 점검하여 답안을 고쳐둡니다. 정답은 선생님께 질문하거나 참고서나 문제집을 참고하면 알 수 있어요. 이렇게 해 두면 단원평가나 수행평가 때 교과서에 정리해둔 답을 믿고 공부할 수 있답니다.

국어 교과서 읽기 복습을 해 봅시다!

1단계 연상하기	
단 원 명	
쪽 수	
학 습 문 제	

2단계 교과서 읽기

1. 교과서를 3번 꼼꼼히 읽어 보았나요?	네☐　아니요☐
2. 교과서를 읽으며 중요한 내용에 표시하고, 수업 시간에 작성한 질문의 답을 바로잡았나요?	네☐　아니요☐

3. 국어 교과서를 읽고 새롭게 알게 된 점이 있다면 적어봅시다.

4. 이번 단원에서 가장 중요하다고 생각하는 개념 또는 전략(방법) 1가지를 교과서에서 찾아 적어봅시다.(그림 또는 글로 나타내기)
   만약, 교과서 본문이 이야기라면 글의 중심생각을 써 봅시다.

7 Day 수학 | 교과서 읽기 복습

공부한 날:　　월　　일 | 😄 🙂 😐 😣 😮 😖

수학　손으로 읽어요

이제 수학 교과서를 펼쳐서 무기를 모을 차례입니다. 수학 교과서를 읽을 때는 교과서에 나와 있는 개념을 베껴 써보고, 공식을 직접 유도해 보고, 예시문제를 손으로 풀어봐야 해요. 이렇게 해 보면 선생님이 해 주시던 것을 보기만 할 때와는 많이 다르다는 것을 느낄 수 있습니다.

① 정의 확인하기

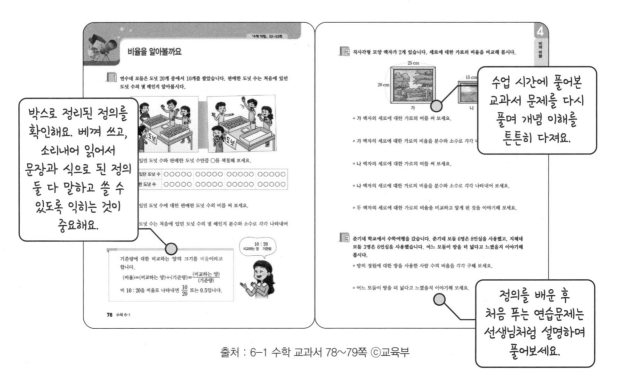

출처 : 6-1 수학 교과서 78~79쪽 ⓒ교육부

\# 새로운 개념을 배우는 수업의 경우, 그 개념의 뜻을 설명해 보고 이것을 직접 공책이나 연습장에 옮겨 써 봅니다.

\# 앞으로 문제를 풀 때마다 정의를 연습장에 자꾸 써 보세요. 헛갈리지 않고 정의를 바르게 적용할 수 있습니다.

② 공식 유도하기

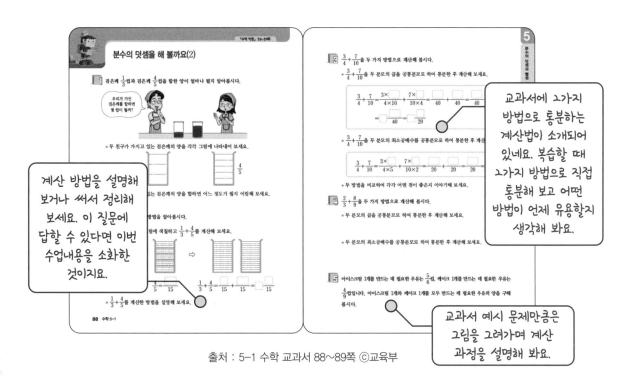

출처 : 5-1 수학 교과서 88~89쪽 ⓒ교육부

\# 새로운 계산 방법(공식)을 배운 날에는 중간과정을 생략하지 않고 교과서 절차와 똑같이 직접 그림을 그려가며 계산해 봅니다.

\# 처음 배울 때 이렇게 확실히 이해해 두면 기본 계산은 물론 다양한 응용문제에도 강해진답니다.

③ 예시문제 교과서 방식으로 직접 풀기

교과서에 나온 예시문제는 처음 배운 개념과 공식을 연습해 보는 용도입니다.
그러므로 이 문제들만큼은 교과서에서 설명한 방식을 사용하여 공책이나 연
습장에 자세히 풀어 보세요. 시간이 걸려도 한번 정확히 개념과 공식을 적용
해 본 경험이 앞으로 다른 문제를 풀 때도 길잡이가 되어 줍니다.

해 보 기　　　**수학 교과서 읽기 복습을 해 봅시다!**

1단계 연상하기	
단　원　명	
쪽　　　수	
학 습 문 제	

2단계 교과서 읽기

1. 오늘 수업에 등장한 <약속하기> 또는 <계산 방법>을 옮겨 써 봅시다.

2. 배운 정의(약속하기) 또는 계산 방법을 사용하여 교과서 예제 문제를
   1개 풀어 봅시다.(교과서의 과정을 따라서 자세히)

사회 | 교과서 읽기 복습

공부한 날:　　월　　　일 | 😄 🙂 😐 😣 😮 😖

핵심어 중심으로 파악해요

사회 교과서를 읽을 때는 본문 내용 중에 오늘 수업에서 가장 중요한 단어라고 할 수 있는 핵심어가 무엇일까 생각하며 읽는 것이 중요해요.

① 학습문제로 방향 잡기

👤 **6월 민주 항쟁 이후 민주화 과정을 알아봅시다**

　6월 민주 항쟁의 결과 6·29 민주화 선언이 발표되었고, 그에 따라 1987년 제13대 대통령 선거가 직선제로 시행되었다. 이것은 국민들이 선거로 대통령을 뽑았던 1971년 제7대 대통령 선거 이후 16년 만의 일로, 수많은 시민과 학생들이 군사 독재를 끝내고 민주화를 이루고자 노력한 결과였다. 대통령 직선제는 오늘날까지 계속 시행되고 있다.

△ 제13대 대통령 선거 후보들의 홍보 현수막

△ 제15대 대통령 선거 당시 투표하려고 투표소 앞에 줄 서 있는 시민들

△ 제19대 대통령 선거 후보자 토론회

△ 6월 민주 항쟁 이후 대통령 직선제로 선출된 역대 대통령과 지방 자치제의 시행 과정

26 · 1. 우리나라의 정치 발전

출처 : 6-1 사회 교과서 26쪽 ⓒ교육부

사회 교과서를 읽을 때 제일 먼저 할 일은 학습문제를 눈여겨보는 것입니다. 오늘 수업의 큰 방향을 잡는데 도움이 되거든요. 위의 학습문제를 통해 학생들은 교과서를 읽기 전에 '이 본문은 6월 민주 항쟁 이후에 민주화가 되는 과정을 보여주는 구나.'하고 미리 생각할 수 있지요.

② 핵심어와 그 뜻 파악하기

한 문단 내용을 대표한다고 생각되는 단어에 형광펜이나 빨간색 펜으로 강조표시를 해요. 그 단어가 곧 핵심어랍니다.

문단을 줄로 구분하면 긴 글도 보다 쉽게 파악할 수 있어요.

여백에 각 문단의 내용을 아래와 같이 요약해 두면 복습하기 좋아요.

핵심어의 뜻은 보통 교과서에 자세히 설명되어 있습니다. 핵심어 뜻에는 밑줄로 표시해요.

사회 교과서에는 글씨 이외에도 연표, 사진, 만화 등으로 정보를 제공하는 경우가 많아 본문 주변의 자료들도 꼼꼼히 살펴야 해요.

지방 자치제의 역사

지방 자치제는 1952년에 처음 시행되었다가 5·16 군사 정변 때 폐지되었고 이후 6·29 민주화 선언에 따라 다시 부활했다. 먼저 1991년에 지방 의회가 구성되었고, 1995년에 지방 의회 의원 선거와 함께 지방 자치 단체장 선거가 치러지면서 지방 자치제가 완전하게 자리 잡게 되었다.

뜻

달라진 점

지방 자치제는 지역의 주민이 직접 선출한 지방 의회 의원과 지방 자치 단체장이 그 지역의 일을 처리하는 제도이다. 지방 자치제를 실시해 주민들은 지역의 문제를 스스로 해결하려고 의견을 제시하고, 지역의 대표들은 주민들의 의견을 수렴해 여러 가지 문제를 민주적으로 해결하고 있다.

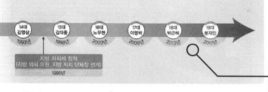

ⓐ 지방 의회 의원 입후보 안내에 대한 설명을 듣는 사람들

ⓐ 지방 자치제가 다시 시행되면서 열린 서울특별시 의회

| 14대 김영삼 1993년 | 15대 김대중 1998년 | 16대 노무현 2003년 | 17대 이명박 2008년 | 18대 박근혜 2013년 | 19대 문재인 2017년 |

지방 자치제 정착 (지방 의회 의원, 지방 자치 단체장 선거) 1995년

❓ 대통령 직선제와 지방 자치제의 시행으로 우리 사회가 어떻게 변화했을지 이야기해 봅시다.

🔳 민주주의의 발전과 시민 참여 · 27

출처 : 6-1 사회 교과서 27쪽 ⓒ교육부

사회 교과서 읽기 복습을 해 봅시다!

1단계 연상하기

단 원 명	
족 수	
학 습 문 제	

2단계 교과서 읽기

1. 교과서를 3번 꼼꼼히 읽어 보았나요?	네☐　아니요☐
2. 교과서에 중요한 내용에 표시하며 읽었나요?	네☐　아니요☐

3. 교과서에서 찾은 핵심어와 그 뜻을 써 봅시다.

4. 오늘 읽은 사회 교과서에서 문단들의 핵심 문장을 찾아 써 봅시다.

9 Day 과학 | 교과서 읽기 복습

공부한 날:　　월　　일 | 😊 🙂 😐 😠 😮 😵

> **과학**　**의심하고 직접 따져 봐요**

① 실험 중심으로 교과서 보기

학습목표를 염두에 두고 교과서 본문과 그림을 꼼꼼히 살펴보아 이번 차시에
서 다룬 실험 과정과 과학 용어의 뜻을 확인해요.

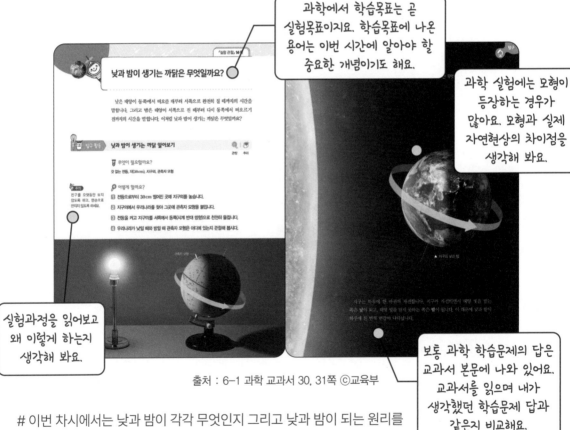

> 과학에서 학습목표는 곧
> 실험목표이지요. 학습목표에 나온
> 용어는 이번 시간에 알아야 할
> 중요한 개념이기도 해요.

> 과학 실험에는 모형이
> 등장하는 경우가
> 많아요. 모형과 실제
> 자연현상의 차이점을
> 생각해 봐요.

> 실험과정을 읽어보고
> 왜 이렇게 하는지
> 생각해 봐요.

> 보통 과학 학습문제의 답은
> 교과서 본문에 나와 있어요.
> 교과서를 읽으며 내가
> 생각했던 학습문제 답과
> 같은지 비교해요.

출처 : 6-1 과학 교과서 30, 31쪽 ⓒ교육부

이번 차시에서는 낮과 밤이 각각 무엇인지 그리고 낮과 밤이 되는 원리를
아는 것이 중요해요. 실험에서는 실험 모형을 어떻게 조작해야 낮과 밤이
되는지 설명할 수 있어야 해요.

② 원인과 결과 생각하기

과학 실험에서 가장 중요한 내용이라고 할 수 있는 '변화시킬 것(원인)'과 '관찰해야 할 것(결과)'가 보통 학습문제에 나와 있어요. 이 두 가지를 알면 실험의 목적을 분명히 알 수 있어서 방향을 잃지 않아요.

원인 무엇을 변화시키고, 같게 하는가?

결과 그로 인한 변화는?

> 학습문제를 읽으면 이 실험의 목적이 압력 변화에 따른 기체의 부피변화를 알아보기 위한 실험임을 알 수 있어요. 즉 압력(원인)──→기체부피(결과)인 것이지요.

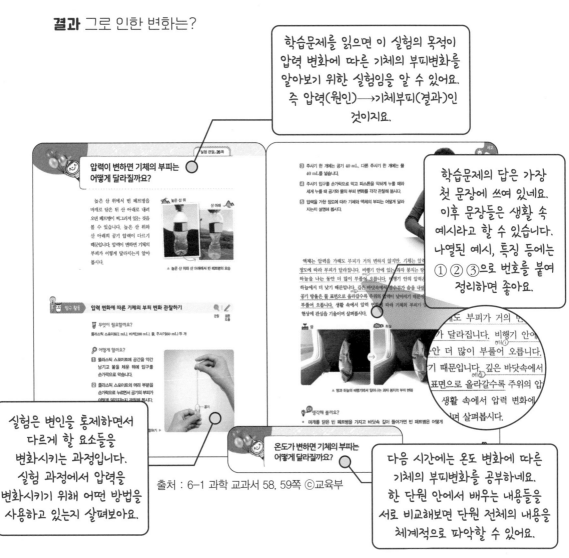

> 학습문제의 답은 가장 첫 문장에 쓰여 있네요. 이후 문장들은 생활 속 예시라고 할 수 있습니다. 나열된 예시, 특징 등에는 ① ② ③으로 번호를 붙여 정리하면 좋아요.

> 실험은 변인을 통제하면서 다르게 할 요소들을 변화시키는 과정입니다. 실험 과정에서 압력을 변화시키기 위해 어떤 방법을 사용하고 있는지 살펴보아요.

출처 : 6-1 과학 교과서 58, 59쪽 ⓒ교육부

> 온도가 변하면 기체의 부피는 어떻게 달라질까요?

> 다음 시간에는 온도 변화에 따른 기체의 부피변화를 공부하네요. 한 단원 안에서 배우는 내용들을 서로 비교해보면 단원 전체의 내용을 체계적으로 파악할 수 있어요.

과학 교과서 읽기 복습을 해 봅시다!

1단계 연상하기	
단 원 명	
쪽 수	
학 습 문 제	

2단계 교과서 읽기

1. 오늘 실험의 탐구활동 제목은 무엇인가요?

2. 오늘 실험에서 가장 중요한 점 또는 주의할 점은 무엇인가요?

3. 오늘 실험의 원인과 결과는 무엇이라고 생각하나요?
   (실험설계가 분명히 드러난 수업이라면 같게 할 것, 다르게 할 것, 관찰할 것을
   써 봅시다.)

영어 | 교과서 읽기 복습

공부한 날:　　월　　일

영어 복습은 떠들썩하게 해요

① 교과서 본문 듣고 큰 소리로 말하고 읽기

우선 교과서와 함께 수업 시간에 배부된 복사물, 대본 등을 살펴보고 1단계 복습 때 내가 기억해서 쓴 문장, 단어들이 맞는지 확인합니다.

수업 시간에 듣기, 말하기를 했던 날은 (보통 1, 2차시) 교과서의 그림을 보고 수업 시간에 했던 대화를 큰 소리로 말해보는데, 이때 디지털 교과서를 활용하면 편리해요. 영어 2단계 복습은 항상 디지털 교과서를 듣고 여러 번 따라 말하는 것으로 정하는 것도 좋아요.

초등 영어 교과서는 핵심표현을 중심으로 내용이 구성되어 있어요. 보통 단원 제목이 가장 중요한 핵심표현이지요. 이번 단원의 핵심표현들은 특히 습관처럼 튀어나올 수 있을 만큼 자꾸만 반복해서 말해보세요.

> 교과서 사진을 보며 수업 시간에 듣고 말해 본 대화를 떠올려 큰 소리로 말해 봅시다.

> 배운 표현이 생각나지 않는다면 디지털 교과서를 활용해보세요. 그림이나 아이콘을 눌러서 배운 표현을 들어볼 수 있어요.

출처 : 천재(함)ENGLISH 6 28쪽 ⓒ천재교육

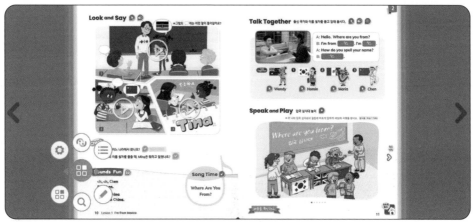

\# 디지털 교과서는 에듀넷 티-클리어에 접속하여 웹 브라우저를 통해서 보거나 뷰어를 설치하여 볼 수 있습니다.(pc, 모바일 모두 가능)

\# 에듀넷에 학생 이름으로 회원가입을 하면 학교에서 사용하고 있는 출판사의 영어 교과서가 설정되고, 학생은 이 영어 교과서를 구독하거나 다운로드하면 됩니다. (초등 5종 영어 교과서 모두 이용 가능)

② 정확히 해석해보기

출판사는 달라도 5, 6학년 영어 교과서에는 보통 단원에 하나쯤은 간단한 읽기자료가 있습니다. 이 자료는 소리내어 읽고 정확한 한국어로 직접 해석해 봅니다. 해석한 내용을 공책에 써 보거나 말로 소리내어 해석해 보면 되겠지요.

생각과 달리 매끄럽지 않거나 모르는 부분을 발견하게 된다면 관련 문법이나 단어를 다시 점검해 보세요.

남이 해 준 해석을 보는 것과 내가 직접 일일이 해석해 보는 것에는 큰 차이가 있어요. 영어 단어를 1:1로 번역해 보기도 하고, 원활하지 않을 때는 조금 의역을 해보기도 합니다. 중요한 것은 작은 부분이라도 마치 번역가라도 된 것처럼 두루뭉술하지 않게, 의역을 해야 할 때도 이유를 가지고 하는 것이랍니다. 교과서 본문만큼은 사전도 찾아보고, 평소 보던 문법책도 펼쳐보며 정확히 해석해 봅시다.

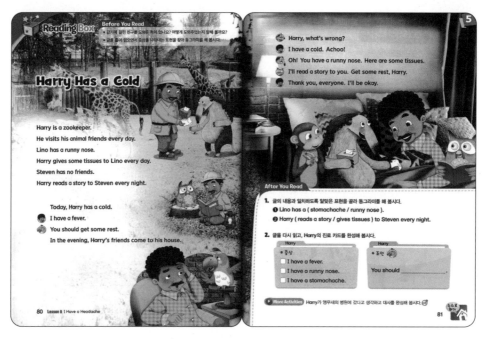

출처 : YBM최희경 ENGLISH 5 80, 81쪽 ⓒ와이비엠

본문	나의 해석
Harry Has a Cold	**해리가 감기에 걸렸어요.**
Harry is a Zookeeper.	해리는 동물원 사육사예요.
He visits his animal friends everyday. Lino has a runny nose. Harry gives some tissues to Lino every day. Steven has no friends. Harry reads story to Steven every night.	그는 매일같이 그의 동물친구들을 찾아가요. 리노는 콧물이 나요. 해리는 매일 리노에게 약간의 휴지를 주어요. 스티븐은 친구가 없어요. 해리는 매일 밤마다 스티븐에게 이야기를 읽어줘요.
Today, Harry has a cold.	오늘, 해리는 감기에 걸렸어요.
I have a fever. You should get some rest.	나는 열이 있어. 당신은 약간의 휴식을 가져야만 해요.(쉬는 게 좋겠어요.)
In the evening, Harry's friends come to his house. Harry, what's wrong?	저녁에, 해리의 친구들이 그의 집에 와요. 해리, 무슨 일이예요?(무엇이 잘못되었어요?)
I have a cold. Achoo! Oh! You have a runny nose. Here are some tissues. I'll read a story to you. Get some rest, Harry. Thank you, everyone. I'll be okay.	나는 감기에 걸렸어. 에취(아츄) 오! 콧물이 나네요. 여기 휴지가 좀 있어요. 내가 당신에게 이야기를 읽어줄게요. 좀 쉬어요, 해리. 모두들 고마워. 난 괜찮아 질 거야.

점검하기 모르는 단어나 표현, 정확한 뜻이나 활용법, 발음을 몰랐던 단어는 없나요?

(예 - Achoo! 는 영어로 어떻게 읽어야 할까요?

fever는 '열'이라는 뜻이지만 a를 붙이네요. rest는 동사가 아닌 명사로 쓰이네요.)

점검하기 모르는 문법사항은 없나요? 시제를 정확히 번역했나요?

(예 - I'll의 시제는 어떻게 해석해야 할까요?

동사 앞에 should가 있으면 어떤 뜻일까요?)

영어 교과서 읽기 복습을 해 봅시다!

1단계 연상하기

단 원 명	
쪽 수	
학 습 문 제	

2단계 교과서 읽기

1. 교과서 내용을 3번 이상 듣고, 읽고 말해 보았나요?	네☐　　아니요☐

2. 이번 시간에 배운 핵심표현을 교과서에서 찾아 써 봅시다.

3. 오늘 수업에서 읽을거리가 있었다면 소리내어 읽고, 아래 칸에 한국어 해석을
   직접 써 봅시다.

무기 제작 연습

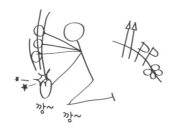

과목에 맞는 복습법을
선택, 가공하여 내 것으로 만든다

광주리 가득 무기재료를 구한 여러분은 동굴로 돌아와 수집한 돌을 살펴보고 쓰임
새별로 분류를 시작합니다. '이건 사냥돌로, 이건 주먹도끼로 만들어야지. 이런 작
고 검은 돌은 날카롭게 만들어 촉으로 쓰자!' 분류가 끝나자 이제 가져온 돌을 서로
부딪치고 떼어내어 본격적으로 필요에 맞는 무기 제작에 들어갑니다.

'깡! 깡! 깡!'

손으로 전해지는 울림을 참아가며 주워온 돌의 바깥쪽을 고집스럽게 내리치니 어
느덧 모서리 쪽부터 작은 돌조각들이 떨어져 나가기 시작합니다. 얼굴로 흐르는 땀
이 돌 두드리는 소리와 함께 사방으로 튑니다.

얼마나 내리쳤을까요? 투박하던 몸돌은 어느새 쓸 만한 주먹도끼의 모습으로 변해갑니다. '이제 다 되었을까?' 무기가 제대로 만들어졌는지 확인하는 좋은 방법은 만든 무기를 한번 사용해 보는 것이지요. 마침 작업실 한쪽 구석에 다듬다 만 나무막대가 눈에 들어오네요.

새로 만든 주먹도끼로 이 막대를 힘껏 내리쳐 봅니다.

'팍!'

막대를 부러뜨리진 못했지만 날카롭고 깊은 상처가 만들어진 것을 확인하자 여러분의 얼굴에는 만족스러운 미소가 떠오릅니다.

Step 1	Step 2	Step 3	Step 4
연상하기 또는 설명하기	교과서 읽기	과목별 학습법으로 복습	배운 것과 관련하여 내가 정한 활동하기

무기를 내 손에 맞게 만들고 또 테스트해 보듯이 습득한 지식을 내 스타일대로 가공하고 또 시험해 보기도 하는 것, 이것이 바로 이번 3단계 복습의 과정입니다. 3단계 복습에서는 각 과목의 특성에 따라 그 과목을 익히기 가장 좋은 방법 1~2가지를 추천합니다. 과목별로 본래 하던 다른 방법이 있더라도 이번 일주일만큼은 이 책에서 추천한 과목별 복습방법을 따라 해 보면서 그 효과를 직접 느껴보면 좋겠습니다.

3단계 역시 그 과목의 1, 2단계 복습, 즉 연상하기와 교과서 읽기 후에 이루어져야 합니다. 번거롭다는 생각은 떨치고 일단 한번 해보세요. 지식이 잘 습득되고 정리된 후에 하는 공책 정리나 문제풀이가 이전보다 얼마나 수월하고 효과적인지 몸소 깨닫게 됩니다.

공부한 날: 　월　　일 ┃ 😀 🙂 😐 😫 🤮 😵

국어　**단어와 개념 정리**

① 국어 단어 정리

교과서에서 만난 단어 중 뜻을 모르는 단어가 있다면 바로 국어 3단계 복습에

서 처리합니다. 1, 2단계 복습을 거친 학생들은 교과서 속 모르는 단어에는 밑

줄 표시가 되어 있겠지요. 3단계 복습 때는 사전이나 참고서로 표시한 단어들

의 정확한 뜻을 찾고 단어 아래나 노트에 써서 정리합니다.

　국어 본문을 읽었을 때 모르는 단어가 너무 많은 학생이라면 단어 노트정리

출처 : 국단어 완전정복 초등국어 5-1 ⓒ오리진에듀

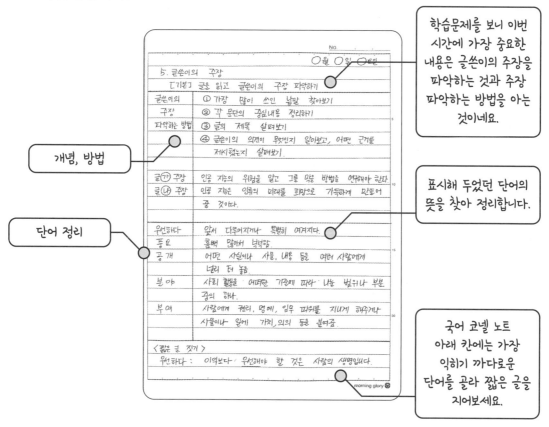

보다는 단어 문제집이나 참고서를 활용해 보세요. 이 책들에 이미 정리되어 있는 단어 뜻을 읽어보고, 짧은 글짓기나 문제풀이를 통해 단어정리를 하면 단시간에 쉽게 부족한 어휘력을 늘릴 수 있습니다.

② 개념이나 방법 위주로 공책 정리

국어 교과서에 나오는 전략이나 국어 지식을 확실하게 하고 싶다면 국어도 공책 정리를 할 수 있어요. 공책에는 예를 들어 글을 요약할 때는 어떤 방법이 있었는지, 그에 따른 유의점과 같이 **기본 단계에서 제시되는 개념이나 방법**을 정리하면 좋습니다.

개념, 방법

단어 정리

> 학습문제를 보니 이번 시간에 가장 중요한 내용은 글쓴이의 주장을 파악하는 것과 주장 파악하는 방법을 아는 것이네요.

> 표시해 두었던 단어의 뜻을 찾아 정리합니다.

> 국어 코넬 노트 아래 칸에는 가장 익히기 까다로운 단어를 골라 짧은 글을 지어보세요.

이번 시간의 개념에 해당하는 '주장 파악하는 방법'은 교과서의 질문, 활동, 말풍선 등으로 알 수 있네요.

글의 주장은 교과서 마지막 활동으로 정리했던 것에서 확인할 수 있어요.

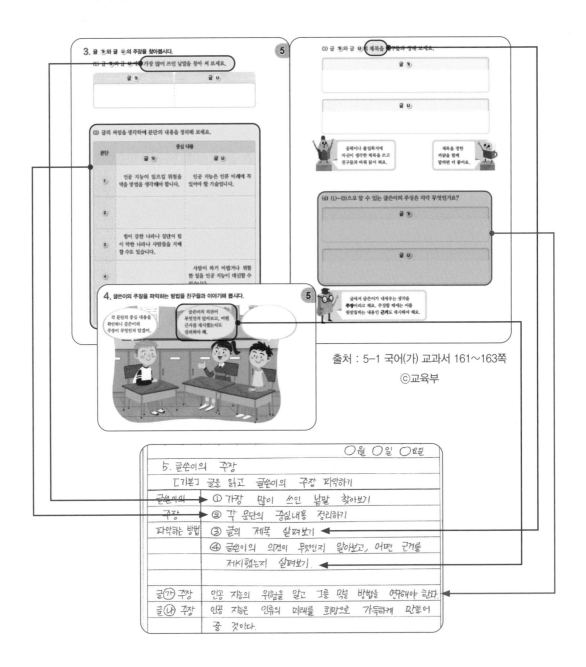

출처 : 5-1 국어(가) 교과서 161~163쪽

ⓒ교육부

해보기   국어 단어 및 개념정리 복습을 해 봅시다!

1단계 연상하기	
단 원 명	
쪽 수	
학 습 문 제	

2단계 교과서 읽기		
1. 교과서를 3번 꼼꼼히 읽어 보았나요?	네☐	아니요☐
2. 교과서를 읽으며 중요한 내용에 표시하고, 수업 시간에 작성한 질문의 답을 바로잡았나요?	네☐	아니요☐

3. 국어 교과서를 읽고 새롭게 알게 된 점이 있다면 적어봅시다.

4. 이번 단원에서 가장 중요하다고 생각하는 개념 또는 전략(방법) 1가지를 교과서에서 찾아 적어봅시다.(그림 또는 글로 나타내기)
만약, 교과서 본문이 이야기라면 글의 중심생각을 써 봅시다.

3단계 국어 단어 확장 및 공책 정리 복습하기

오늘 공부한 내용 중 핵심 내용을 코넬식으로 정리하고, 모르는 단어의 뜻을 사전이나
참고서를 찾아 정리해 봅시다.

수학 | 문제집 풀이 복습

공부한 날: 월   일 | 😄 🙂 😐 😣 😱 😝

수학   문제집 한 권 완전히 소화하기

수학은 문제연습이 필요한 과목이에요. 그런데 문제를 풀 때는 많이 풀기보다는 적은 양이라도 정확하게 풀어서 확실히 알며 전진하는 것이 중요해요. 수학 문제를 풀 때는 생각하고 풀어내는 과정 전체가 완전히 이해되어서 막힘없이 스스로 할 수 있도록 만든다고 생각하세요. 이런 수준으로 풀 수 있게 된 문제는 이제 다시 풀지 않아도 돼요. 완전히 알게 된 문제거든요.

① 연습장에 풀기

수학 문제는 항상 연습장에 풉니다. 연습장은 세로로 절반을 접어서 문제의 풀이과정을 차근차근 적어나갑니다. 풀이를 적을 때는 수학연습장에 적은 풀이과정을 다시 되짚어 검토해 볼 수 있도록 깔끔하게 적습니다.

② 문제집에 나만의 표시하기

문제풀이를 마쳤다면 이제 채점을 해야겠지요. 연습장에서 내가 낸 답만 문제집에 옮겨 쓴 후 채점하거나, 연습장에 내가 푼 문제를 연습장 위에서 그대로 채점해도 됩니다. 채점 표시가 연습장에서 이루어지게 되는 것이지요. 문제집에는 내가 그 문제를 아는지, 모르는지를 보여주는 나만의 표시만 하고, 다시 볼 수 있도록 깨끗이 관리합니다.

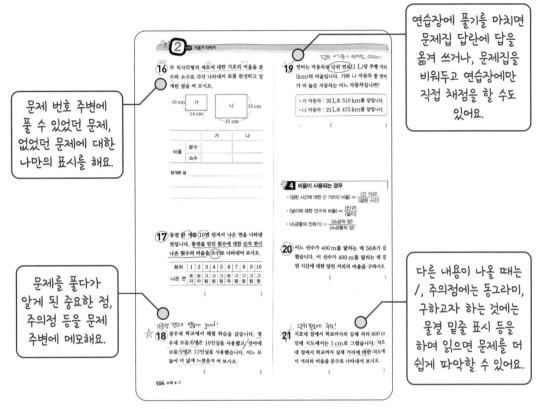

연습장에 풀기를 마치면 문제집 답란에 답을 옮겨 쓰거나, 문제집을 비워두고 연습장에만 직접 채점을 할 수도 있어요.

문제 번호 주변에 풀 수 있었던 문제, 없었던 문제에 대한 나만의 표시를 해요.

문제를 풀다가 알게 된 중요한 점, 주의점 등을 문제 주변에 메모해요.

다른 내용이 나올 때는 /, 주의점에는 동그라미, 구하고자 하는 것에는 물결 밑줄 표시 등을 하며 읽으면 문제를 더 쉽게 파악할 수 있어요.

출처 : 6-1 디딤돌 초등수학 기본+응용 104쪽 ⓒ디딤돌교육

③ 주요사항 메모하기

문제집은 한번 보고 버리는 것이 아니라 내용을 완전히 알 때까지 반복해서 활용하는 책이에요. 그러니 문제집을 풀다가 알게 된 점, 기억할 내용 등이 있다면 문제집 여백에 기록해 두세요. 문제집을 다시 볼 때 내가 써 둔 메모가 공부의 길잡이가 되어 줄 거예요.

④ 틀린 문제 즉시 다시 풀기

많은 문제를 풀고 나서 채점이 힘들어 미뤄두기보다는 적은 양의 문제를 푼 후에 틀린 문제를 즉시 확인해 보는 편이 나의 수학 약점을 공략하는데 훨씬 효과적입니다. 틀린 문제는 연습장에 내가 풀어둔 풀이과정부터 먼저 되짚어 보세요. 왜 틀렸는지 이유를 쉽게 발견할 수 있습니다.

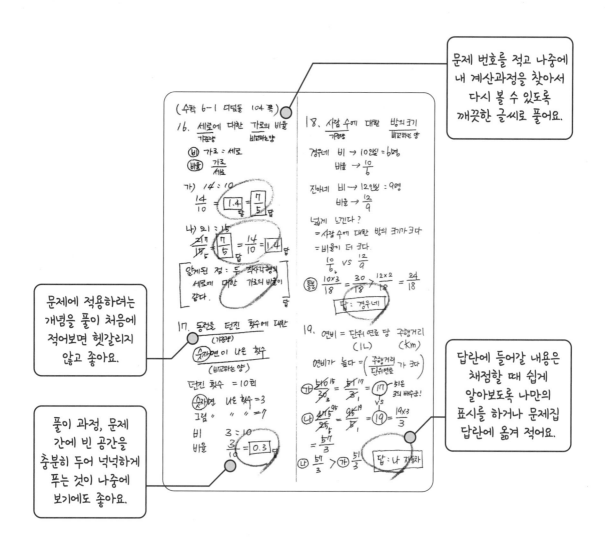

해보기   수학 문제집 풀이 복습을 해 봅시다!

1단계 연상하기	
단 원 명	
쪽 수	
학 습 문 제	

2단계 교과서 읽기

1. 오늘 수업에 등장한 <약속하기> 또는 <계산 방법>을 옮겨 써 봅시다.

2. 배운 정의(약속하기) 또는 계산 방법을 사용하여 교과서 예제 문제를
   1개 풀어 봅시다.(교과서의 과정을 따라서 자세히)

3단계 수학 문제집 풀이 복습하기

문제집 이름			
단 원		쪽 수	

아래 칸에 수학 문제 풀이를 해 봅시다.

문제집 풀이 복습을 점검해 봅시다.

- ☐ 풀이과정을 깨끗하게 전개해 보았나요?　　　　　　　　　네☐　아니요☐
- ☐ 문제집에 나만의 표시를 남겼나요?　　　　　　　　　　네☐　아니요☐
- ☐ 문제를 풀다 알게 된 내용을 문제 옆에 메모했나요?　　네☐　아니요☐
- ☐ 문제를 푼 후 채점을 하였나요?　　　　　　　　　　　네☐　아니요☐
- ☐ 틀린 문제들을 다시 풀어서 익혔나요?　　　　　　　　네☐　아니요☐

문제집 한 권을
3번 되새김질하는
파워 문제 풀기

문제집은 여러 권 풀기보다 한 권을 여러 번 풀며 완전히 소화하는 것이 훨씬 좋습니다.
문제집 한 권을 완전히 소화하는 파워 문제풀기 방법을 소개합니다.

1. 문제 읽기

문제를 읽을 때는 문제가 요구하거나 묻는 내용을 정확히 이해해야 하겠지요.
그래서 문제가 결국 묻는 것이나 지켜야 할 조건에는 동그라미나 밑줄표시를
해서 가능한 한 적은 횟수로 읽고도 내용을 파악하는 연습을 합니다. 한번 읽
어 문제가 이해되지 않을 때는 문제를 천천히 다시 읽어보는데, 이때 소리내
어 읽거나 연습장에 그림을 그려가며 읽는 것도 참 좋아요.

① 어제와 오늘의 내용을 / 로 구분.

② 구해야 할 것은 '어제와 오늘 사용한 색종이가 모두 몇 장인가'이므로 밑줄과 동그라미로 표시.

③ 아닌 것, 남은 것 등 특별히 주의해야 할 부분에는 물결 밑줄을 그어 실수 방지.

출처 : 5-2 개념유형 라이트 수학 ⓒ비상교육

2. 문제 풀기

문제 풀이는 연습장에 깨끗한 글씨로 씁니다. 수학 답지에 나오는 풀이처럼 등호 사용에 유의하면서 식을 정확히 전개하는 습관을 들여야 합니다. 이렇게 하면 틀렸을 때도 내 풀이를 읽어보고 어디에서 문제가 생겼는지 금방 진단할 수 있습니다. 문제집에는 최종 답만 옮겨 씁니다.

3. 채점하기

문제를 풀고 난 후에는 채점을 합니다. 채점은 가능한 한 문제를 푼 즉시 해야 합니다. 각각의 문제는 저마다 공부거리를 담고 있습니다. 해답의 풀이를 통해 공부거리를 습득하자면 5, 6학년의 경우 채점은 학생 스스로 직접 하는 것이 좋습니다. 채점 결과도 **'맞았다/틀렸다'가 아닌 '완전히 안다/제대로 모른다'로 표시합니다.** 다음은 선생님이 평소 사용하는 문제 표시 기호입니다. 이를 참고하여 나만의 문제집 표시를 만들어 봅시다. 알파벳도 좋고 간단한 그림도 좋습니다. 이렇게 하면 재미도 있고 문제집도 깔끔하게 여러 번 볼 수 있어요.

채점전

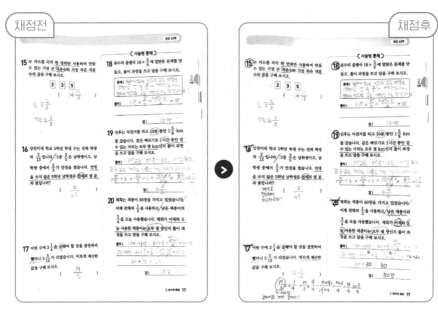

채점후

출처 : 5-2 개념유형 라이트 수학 ©비상교육

문제	해야 할 일	표시 예시
맞혔고 완전히 안다	다시 안 푼다	○
틀렸거나 제대로 모른다	다시 푼다	∨
몰랐었는데 알게 되었다	이제는 알게 되었고 그만 푼다	∀
새로운 것을 알려준 중요한 문제	중요한 점을 떠올리며 다시 푼다	☆

4. 다시 풀기

틀렸거나 몰랐던 문제에 해당하는 부분을 교과서에서 찾아 다시 공부하고 풉니다. 교과서로 해결되지 않을 때는 답지의 해설을 주의 깊게 읽어서 해당 내용을 알아냅니다.

5. 문제집에 메모하기

내가 완전히 아는 것, 모르는 것을 문제집에 잘 표시했다면 이제 문제집을 다시볼 때는 몰랐던 문제, 틀렸던 문제만 보면 됩니다. 이 문제집은 이제 한번 풀고버리는 연습지가 아니라 공부 피드백 정보를 담은 나만의 참고서가 된 것입니다. 그러므로 채점 후 몰랐던 문제를 공부할 때는 교과서나 참고서, 해답지에서 알아낸 중요한 내용들은 관련 문제 한쪽에 깔끔하게 메모합니다.

한편, 문제를 맞혔다 하더라고 내가 생각한 것과 다른 방법으로 푸는 것이더 좋았다거나, 채점하면서 깨달은 것이 있었다면 문제 앞에 ☆를 해 두었다가 문제집을 다시 풀 때에 이런 문제들을 다시 한 번 풀어봅니다. 이 문제들은나에게 중요한 내용들을 깨닫게 해주는 좋은 문제이기 때문입니다.

> 해결하는 과정에서
> 중요한 점을 발견했고,
> 이 문제는 다시 풀
> 가치가 있다는 표시가
> 되어 있다.

① 15분 분량 걷는 거리 구해서 더하기
② 거리에 바로 $1\frac{1}{4}$ 곱해서 한방에 구하기

☆ **16** 한 시간에 5.84 km를 걷는 빠르기로 1시간 15분 동안 걷는다면 몇 km를 걸을 수있습니까?

출처 : 5-2 개념유형 라이트 수학 ⓒ비상교육

6. 다시 풀어 맞힌 것 표시하기

답지를 참고하고 교과서를 다시 공부해서 내가 다시 풀어낸 문제라면 그 문제 역시 내 것이 된 것입니다. 이런 문제 앞에는 정복한 문제라는 자랑스러운 나만의 표시를 해 줍니다.(∀와 같이) 만약 선지 하나라도 모르는 것이 있거나, 맞혔던 문제 또는 답을 보고 이해한 문제라 하더라도 이유를 알 수 없는 부분이 있는 경우라면 모른다는 표시를 해 둡니다.(∨와 같이)

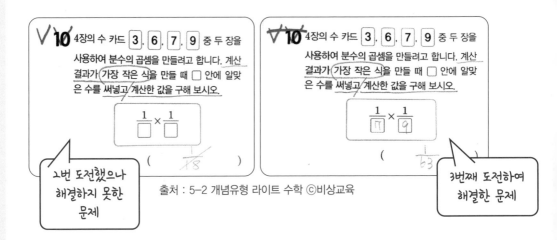

출처 : 5-2 개념유형 라이트 수학 ⓒ비상교육

7. 문제집 다시 보기

문제집은 2~3번은 다시 반복해서 본다고 생각하고 깔끔하게 유지합니다. 틀려서 다시 풀어야 한다면 푼 자국은 깨끗이 지워두고, 내가 정한 표시들도 알아보기 쉽게 해 둡니다. 처음 풀 때 한 번, 오답 확인할 때 한 번 그리고 단원이 끝날 때나 단원 평가할 때 또는 방학이 되었을 때 표시된 것만 한 번 본다면

총 3번 보는 셈이 됩니다. 다시 볼 때는 완전히 안다는 표시가 되어있는 문제는 풀지 않고, ∨ 또는 ☆ 표시 문제만 다시 풉니다. 이런 방식으로 문제집을 여러 번 보면 알고 있는 문제를 또 푸는 대신 정복되지 않은 문제만을 반복해서 도전해볼 수 있어 모르는 내용을 효과적으로 공략할 수 있게 됩니다.

해보기   문제집을 풀어보고 □에 V표시를 해 봅시다.

□ 문제풀기: 내가 가진 수학 문제집을 1장 풀어봅시다.

문제집명			
날짜		쪽수	

□ 채점하기: 문제에 나만의 표시를 만들어서 기록해 봅시다.

문제 상태	나만의 채점기호
알고 맞힌 문제	
모르고 틀린 문제	
몰랐다가 해결한 문제, 알게 된 문제	
나에게 중요한 점을 가르쳐 준 문제	

□ 다시 풀고 알게 된 것 표시하기
　모르는 문제는 교과서를 찾아보거나 답지를 확인하여 내용을 완전히 알아냅니다.

□ 문제집에 메모하기
　다시 풀 때 새롭게 알게 된 것, 꼭 기억해야 할 개념 등을 문제 옆에 메모합니다.
　* 아직도 정복되지 않은 문제가 있다면 며칠 후에 다시 한 번 도전합니다.

사회 | 공책 정리 복습

공부한 날: 월   일 | 😄 🙂 😐 😣 😫 😵

공책 정리로 머릿속 정리하기

① 공책 정리하기

사회 교과서에 밑줄과 동그라미로 표시한 내용을 바탕으로 공책 정리를 합니다. 동그라미 표시했던 핵심어는 왼쪽으로 뽑아내고 오른쪽 내용 란에는 핵심어와 관련된 내용을 번호를 붙여 정리합니다.

> 1. 우리나라의 정치 발전
> ① 민주주의의 발전과 시민의 참여
>   6월 민주 항쟁 이후 민주화 과정을 알아봅시다.
>
> | 6.29 민주화 선언 | ○ 6월 민주 항쟁의 결과로 발표됨. |
> |---|---|
> | | → 민주주의 확대의 계기 |
> | | ○ 결과 ┌ 대통령 직선제 |
> | | └ 지방자치제 - 주민소환제 |
> | 대통령 직선제 | ① 뜻: 국민이 선거로 대통령을 직접 뽑는 제도 |
> | | ② 언제: 1987년 13대 대통령 부터 |
> | | 16년 만에 |
> | | ③ 의의: 수많은 시민과 학생들이 군사독재를 끝내고 |
> | | 민주화를 이룩하고자 노력한 결과 |
> | 지방자치제 | ① 뜻: 지역의 주민이 직접 선출한 |
> | | 지방 의회 의원과 지방 자치 단체장이 |
> | | 그 지역의 일을 처리하는 제도 |
> | | (cf. 이전에는 지역의 문제를 정부가 처리) |
> | | ② 운영 : 지역 문제에 대해 |
> | | (㉠ 주민 → 의견 제시. |
> | | ㉡ 지역 대표 → 의견 수렴 |
> | | └ 지역 문제 민주적 해결 |

교과서 문장을 그대로 베끼지 말고 '단어 – 그 단어의 뜻' 과 같이 요약해서 적어요.

예시 – 예), ex)
비교 – cf. ('비교'라는 뜻의 라틴어 confer의 줄임말)
정의 – Def. ('정의'라는 뜻의 영어 definition의 줄임말) 와 같이 늘 쓰는 요약 문자를 정해두면 좋아요.

육하원칙에 의해 교과서 문장을 살펴보되 '누가'와 '무엇을'에 해당하는 내용은 뼈대가 되는 내용이니 꼭 챙겨서 적습니다.

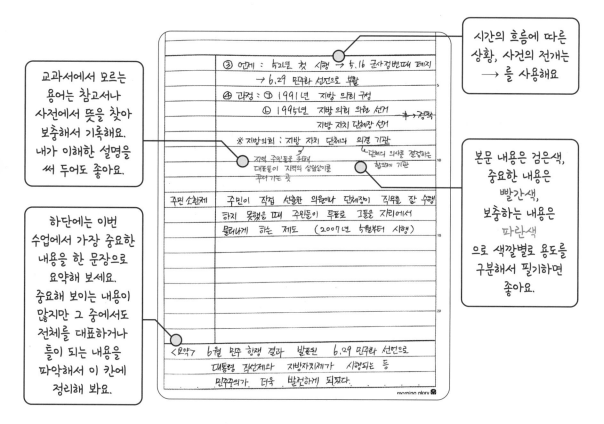

② 혼자 시험 보며 암기하기

코넬 노트에서 왼쪽 영역에 쓴 용어들은 보통 용어 자체가 중요한 핵심어이므로 기억해 두는 것이 좋습니다. 공책 정리가 끝났다면 이제 손이나 종이로 왼쪽 핵심어를 가린 채 오른쪽 내용들만 보고 가린 핵심어를 맞혀보세요. 또 오른쪽 내용 부분을 가려둔 채 왼쪽의 핵심어만 보면서 내용 칸에 쓴 내용들을 설명해 볼 수도 있어요. 이렇게 코넬식 노트로 혼자 미니 시험 보듯 공부하면 그냥 쓰기만 할 때 보다 훨씬 기억이 잘 된답니다.

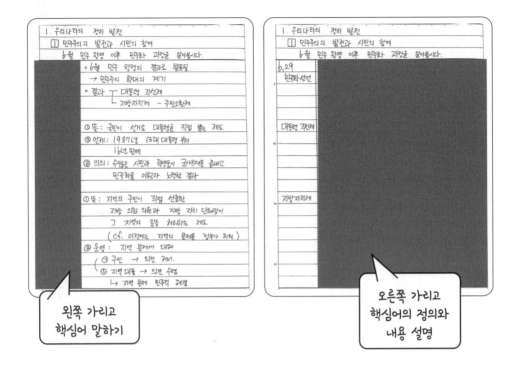

왼쪽 가리고
핵심어 말하기

오른쪽 가리고
핵심어의 정의와
내용 설명

③ **상황 속에 있다고 생각하기**

사회 내용이 잘 와 닿지 않는다면 사회 교과서에 만화나 이야기로 제시되는 예에 주목해요. 예시의 내용을 따라가며 어떤 일이 있었고 왜 그렇게 되었는지 이유를 생각해 보는 것이 기계적으로 내용을 암기하는 것 보다 기억하는 데 도움이 된답니다.

역사 내용을 잘 기억하는 또 다른 방법은 바로 내가 역사 속 인물이 되는 상상을 해 보는 것입니다. 그래서 역사 수업 시간에 많이 사용하는 방법이 바로 역사일기입니다. 흥미로운 역사 주제를 배웠다면 내가 그 상황 속 역사인물이 되었다고 상상하면서 오늘 일기를 역사일기로 써 보세요. 아마 절대로 잊히지 않을 거예요.

해보기 　　사회 공책 정리 복습을 해 봅시다!

1단계 연상하기

단 원 명	
쪽　　　수	
학 습 문 제	

2단계 교과서 읽기

1. 교과서를 3번 꼼꼼히 읽어 보았나요?	네☐　　아니요☐
2. 교과서에 중요한 내용에 표시하며 읽었나요?	네☐　　아니요☐

3. 교과서에서 찾은 핵심어와 그 뜻을 써 봅시다.

4. 오늘 읽은 사회 교과서에서 문단들의 핵심 문장을 찾아 써 봅시다.

3단계 사회 공책 정리 하기

나의 공책 정리를 점검해 봅시다.

☐ 위쪽 칸에 단원제목과 학습문제가 들어갔나요?   네☐   아니요☐

☐ 왼쪽 칸에 교과서의 핵심어가 빠짐없이 들어갔나요?   네☐   아니요☐

☐ 세부내용이 핵심어 중심으로 분류되어 있나요?   네☐   아니요☐

☐ 오른쪽 칸에 세부내용이 번호쓰기와
    한 칸 들여쓰기로 정리 되었나요?   네☐   아니요☐

☐ 교과서의 내용이 내가 이해한 말로 잘 요약되어 있나요?   네☐   아니요☐

☐ 내용이 한눈에 들어오도록 여백이 충분한가요?   네☐   아니요☐

☐ 왼쪽 또는 오른쪽 칸을 가리고 내용을 말할 수 있었나요?   네☐   아니요☐

#특강 5

칸에 넣기만 해도 논리가 세워지는 코넬식 공책 정리

내용이 많거나 내용이 서로 어떤 관계인지 몰라 복잡하게 느껴지는 과목이 있죠. 이럴 때는 공책 정리를 통해 머릿속의 지식을 정리합니다. 손을 움직이는 일은 시간이 들고 힘들 수도 있습니다. 하지만 신기한 일은 실제로 손을 움직이고, 공책 정리를 위해 애쓰는 사이에 일어나요. 복잡하게 엉킨 실타래 같았던 내용이 노트 정리가 끝날 때 즈음이면 어느새 스르륵 ~ 이해가 되는 마법이 일어납니다.

복잡해 보이는 교과서의 내용을 정리하려면 공부한 내용이 일정한 구조를 갖는 공책 정리가 좋습니다. 이런 체계적인 정리를 돕기 위해 공책 정리 방법의 하나인 코넬 노트 정리법을 소개합니다. 코넬 노트의 각 영역에 정해진 내용을 적다 보면 이내 공부 내용이 일정한 구조를 갖게 됩니다.

1. 상단: 단원명과 학습문제

상단에 들어갈 내용은 단원명과 학습문제입니다. 공부하는 동안 상단에 쓰인 단원명과 학습문제가 공부 방향을 잃지 않도록 나침반 역할을 해 주지요.

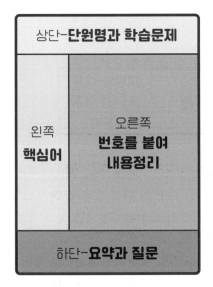

2. 왼쪽: 핵심어(키워드)

교과서 읽기로 발견한 핵심어를 이곳에 씁니다. 핵심어는 오른쪽 내용을 대표하는 단어라고 할 수 있어요. 또한 왼쪽에 쓰인 핵심어라면 단어 자체도 암기해야 할 만큼 중요한 경우가 많아요.

3. 오른쪽: 내용

내용 칸에는 자세한 세부내용을 정리합니다. 작은 주제나 대표가 될 만한 말일수록 왼쪽에 붙여 쓰고, 구체적인 내용은 점점 한 칸 들여쓰기 하면서 번호를 붙여 아래로 나열해요. 빠지는 내용이 없으면서도 잘 요약된 문장으로 이 칸을 작성하도록 꾸준히 노력해 봅시다.

4. 하단: 요약과 질문

수업과 교과서의 내용을 통틀어서 이번 수업에서 말하고자 하는 가장 중요한 내용은 무엇일까요? 그 내용을 하단에 나만의 말로 요약해 봅니다. 때로는 복습 4단계에서 더 공부해 보고 싶은 질문을 담는 공간도 바로 이곳입니다. 그 차시에서 가장 중요한 내용을 골라내기 어렵다면 이 공간에는 항상 학습문제의 답을 쓴다고 생각해 보세요. 수업의 핵심을 파악하는 능력이 길러진답니다.

대단원 제목은 검은색 굵은 펜으로

2. 우리 나라의 정치발전   **대단원 이름**

(3) 민주 정치의 원리와 국가 기관의 역할   **소단원 이름**

국회에서 하는 일을 알아봅시다.   **학습문제**

국회	1. 국회란?
	• 국민의 대표인 국회의원이 나라의 중요한 일을 의논
	하고 결정하는 곳
	2. 국회가 하는 일
공부하다 알게 된	(1) 법을 만듦 - 법을 고치거나 없애기도 함.
것 연필로 쓰기	(2) 예산
	예산쓰기 전 ① 심의하여 확정
	후 ② 이미 사용한 예산이 잘 쓰였는지 검토
	(3) 국정감사 - 정부가 법에 따라 일을 잘 하고
	있는지 확인
관련있는 것 끼리	
연필로 연결하기	
법률 제안서	3. 법률 제안서 - 국회에서 법을 만들 때
	(1) 국회의원이 만들었으면 하는 법을 국회에 제안할
	때 내는 것.
1 → (1) → ① 로	(2) 법률 제안서의 조건
번호를 붙여가며	① 법안 이름, 제안 까닭, 주요 내용이 있어야 함.
들여쓰기	② 내용이 타당해야 함.

모르는 단어 뜻은 찾아
서 파란펜으로 쓰기

심의 = 심사하고 토의함,
즉, 자세하게 조사하여 등급이나
당락따위를 여러 명의 토의로 조정함

이해에 필요한 보조내용은 ( )안에

(궁금한 점 질문, 바로 잡도록 함)

쉽게 구분되도록 한 줄 띄우기

국회는 법을 만들고, 나라 예산을 심의·검토 하여
     ①   ②   전 후

정부가 하는 일 국정감사 한다.
          ③

하단에는 학습문제의
답을 내가 이해한
말로 요약해 보세요.

해 보 기 배운 한 차시 내용을 코넬식으로 정리해 봅시다.

과학 | 탐구과정 중심 복습

공부한 날: 월   일 | 😀 🙂 😐 🕐 😤 😫

과학 **생각을 더하는 실험관찰, 공책 정리**

교과서를 읽은 다음에 점검할 것은 바로 실험관찰입니다. 2단계에서 교과서 내용 공부한 것을 바탕으로 수업 시간에 내가 작성했던 실험관찰 답안 내용을 점검해 봅니다. 틀린 답이 있다면 수정하고, 부족하게 쓴 것이 있다면 내용을 보충합니다.

① 실험관찰 정리하기

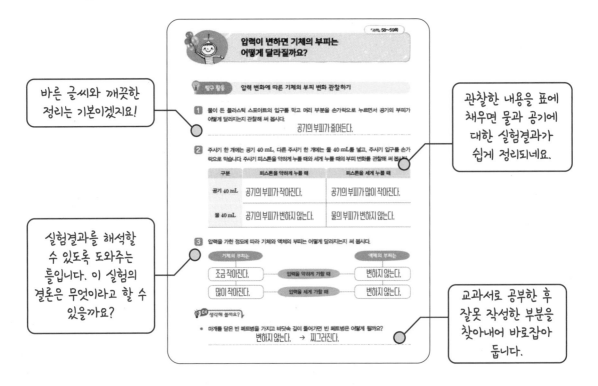

② 배운 원리로 주변 현상 설명하기

실험관찰에는 보통 공부를 한 후에 '생각해 볼까요?'와 '더 생각해볼까요?'와 같이 배운 내용을 해석, 적용, 확장하는 심화질문이 있어요.

이때 교과서 문장과 선생님의 말을 베껴 쓰려고 생각하기 보다는, 내가 이해해서 내 말로 설명해 보겠다는 생각으로 작성해 봅니다. 스스로 생각하는 과정에서 내용이 더욱 깊이 이해되는 경험을 할 수 있어요.

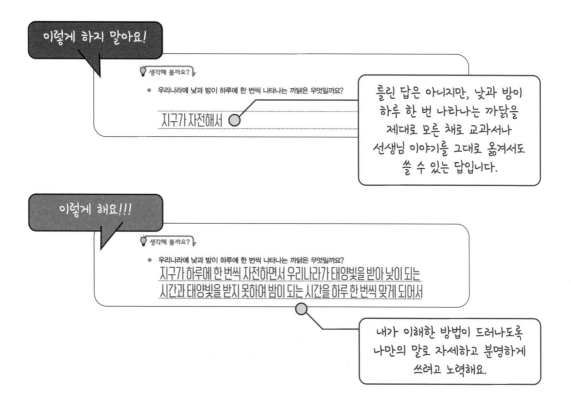

이렇게 하지 말아요!

💡 생각해 볼까요?
● 우리나라에 낮과 밤이 하루에 한 번씩 나타나는 까닭은 무엇일까요?
지구가 자전해서

틀린 답은 아니지만, 낮과 밤이 하루 한 번 나타나는 까닭을 제대로 모른 채로 교과서나 선생님 이야기를 그대로 옮겨서도 쓸 수 있는 답입니다.

이렇게 해요!!!

💡 생각해 볼까요?
● 우리나라에 낮과 밤이 하루에 한 번씩 나타나는 까닭은 무엇일까요?
지구가 하루에 한 번씩 자전하면서 우리나라가 태양빛을 받아 낮이 되는 시간과 태양빛을 받지 못하여 밤이 되는 시간을 하루 한 번씩 맞게 되어서

내가 이해한 방법이 드러나도록 나만의 말로 자세하고 분명하게 쓰려고 노력해요.

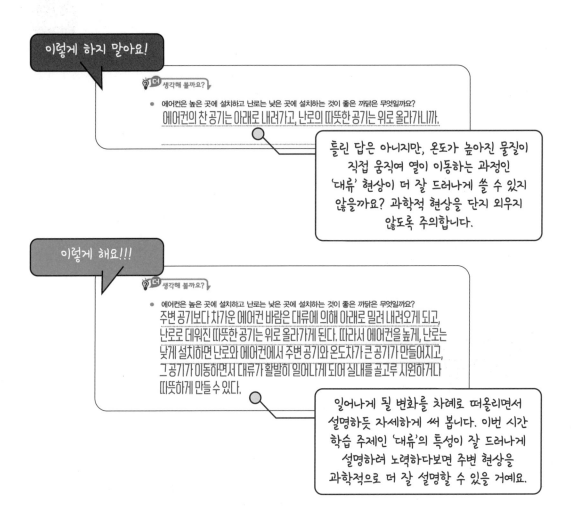

③ 탐구과정과 과학 용어 공책 정리하기

저는 보통 탐구과정은 실험관찰에, 과학 용어는 교과서에 밑줄로 표시하도록

학생들에게 안내하곤 해요. 하지만 이것을 더 일목요연하게 정리하고 싶다면

과학 공책 정리를 해 볼 수 있어요. 이 경우에는 공책을 양쪽으로 넓게 사용하

여 왼쪽에는 〈탐구〉, 오른쪽에는 〈이론〉과 같이 **탐구과정과 과학 용어를 구분해**

서 정리하기를 추천합니다.

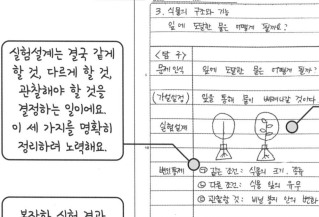

탐구과정

〈탐구〉에는 가설, 실험과정(설계), 실험결과와 결론의 순으로 간략히 정리합니다.

실험설계는 결국 같게 할 것, 다르게 할 것, 관찰해야 할 것을 결정하는 일이에요. 이 세 가지를 명확히 정리하려 노력해요.

실험 과정은 간단히 그림으로 나타낼 수 있어요.

복잡한 실험 결과 정리는 표를 사용하면 효과적이예요.

실험의 결론은 학습문제의 답이라고 생각하면 쉬워요.

교과서의 과학 용어를 코넬 노트 왼쪽 칸에 가져왔어요.

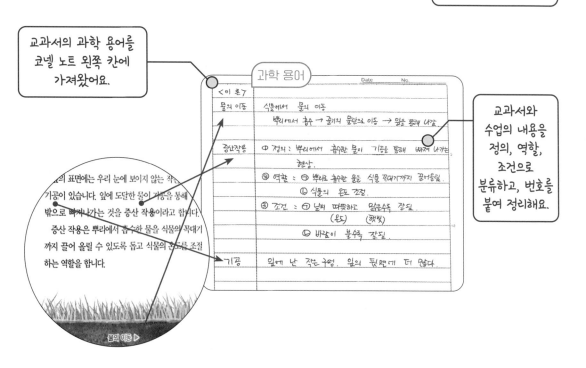

과학 용어

교과서와 수업의 내용을 정의, 역할, 조건으로 분류하고, 번호를 붙여 정리해요.

해 보 기 — 과학 탐구과정 중심 복습을 해 봅시다!

1단계 연상하기	
단 원 명	
쪽 수	
학 습 문 제	

2단계 교과서 읽기

1. 오늘 실험의 탐구활동 제목은 무엇인가요?

2. 오늘 실험에서 가장 중요한 점 또는 주의할 점은 무엇인가요?

3. 오늘 실험의 원인과 결과는 무엇이라고 생각하나요?
(실험설계가 분명히 드러난 수업이라면 같게 할 것, 다르게 할 것, 관찰할 것을 써 봅시다.)

3단계 과학(2) 과학 용어 정리하기

15 Day 영어 | 암기하기 복습

공부한 날:　　월　　일 | 😀 🙂 😐 😣 😭 😫

영어　**표현과 단어 정리하고 암기하기**

복습할 때 단원에서 새로 배운 단어와 숙어는 공책이나 수첩에 따로 정리해 봅니다. 새로 익히는 단어나 표현을 찾기도 쉽고 외우는데도 효과적이에요.

공책이나 수첩을 반으로 접어 왼쪽에는 단어, 오른쪽에는 뜻을 정리하면 접거나 가려서 나만의 미니시험을 볼 수 있어요.

명사, 동사 등 단어의 품사를 표시해요.

단어 사이는 줄을 떼어 여유 있게 정리하는 편이 눈에 더 잘 들어와요.

단어의 쓰임을 보여주는 문장도 함께 써요.

```
                                    No.

Lesson6. I have a headache
headache          명 두통, 골칫거리
                  My headache is getting worse

toothache         명 치통
                  I've got a toothache.

fever             명 열, 열병
                  I have a fever.

runny nose        콧물
                  You have a runny nose.

medicine          명 의학, 의료 / 약
                  You should take some medicine.

visit             동 방문하다. 명 방문
                  I'm going to visit my uncle.
                  a week-long visit to Rome

cold              형 추운, 차가운 명 추위, 감기
                  I have a cold.

rest              명 휴식, 나머지 동 쉬다, 자다.
                  You should take a rest.
                                    morning glory
```

　　정리한 단어를 한 번에 모두 외우려 하기보다는 정리집을 여러 번 봐서 외우는 단어의 비율을 점차 높여가는 편이 좋아요. 정리집은 한쪽을 가려서 단어를 보고 뜻을 떠올리거나, 뜻을 보고 단어를 떠올리는 것과 같이 혼자 미니시험 보는 방식으로 외우면 더 잘 외워져요.

해보기　　영어 주요 표현과 단어를 정리하고 암기해 봅시다!

1단계 연상하기	
단 원 명	
쪽 　 수	
학 습 문 제	

2단계 교과서 읽기

1. 교과서 내용을 3번 이상 듣고, 읽고 말해 보았나요? 네☐ 아니요☐

2. 이번 시간에 배운 핵심표현을 교과서에서 찾아 써 봅시다.

3. 오늘 수업에서 읽을거리가 있었다면 소리내어 읽고, 아래 칸에 한국어 해석을 직접 써 봅시다.

3단계 주요 표현과 단어 정리

□□□□□	품사/뜻	유의어/반의어
	예문	
□□□□□		
□□□□□		
□□□□□		
□□□□□		
□□□□□		
□□□□□		
□□□□□		
□□□□□		
□□□□□		
□□□□□		

Youtube 바로가기

암기 같지 않은
마법의 출력식 암기

암기하기는 머릿속 생각 냉장고인 장기기억으로 공부한 내용을 차곡차곡 저장하는 일이에
요. 그런데 생각 냉장고는 좀 이상한 점이 있어요. 여느 냉장고 같으면 음식물을 넣고 나서
자주 열어보지 않는 것이 음식을 신선하게 보관하는 방법일 테지만, 이 냉장고는 반대거든
요. 생각 냉장고의 생각을 신선하게 유지하려면 보관해 둔 생각들을 자꾸만 꺼내 보아야 한
답니다. 꺼내 보고 넣어두고, 꺼내 보고 넣어두고… 이렇게 자주 한 생각일수록 처음에 공부
했던 모습 그대로, 때로는 그보다 더 생생하게 내 생각 속에 보관되게 되거든요. 지금부터
나오는 내용은 생각 냉장고에 생각을 넣었다가 잘 꺼내 보는 방법들이랍니다.

1. 외울 것 구분하기

수업을 듣고 1, 2단계 복습을 하면서 '중요하니 꼭 기억해야겠다.'고 생각되는
부분이 있었나요? 교과서에서 외워야 한다고 생각되는 단어, 내용이 있었다면
형광펜으로 표시해 봅시다. 정말로 외워야 하는 내용은 결코 많은 양이 아닐 거
예요. 그러므로 용어 자체를 꼭 기억해야 할 만큼 가장 핵심적인 내용에만 하
이라이트 표시를 합니다. 이렇게 공부 내용의 중요한 정도를 판단해서 내용별
로 외우는 강도를 구분해 두면 진짜로 외워야만 하는 것에 집중할 수 있습니다.

2. 여러 감각 사용하기

오늘 복습으로 영어 단어를 외워야 하나요? 그렇다면 가장 간단한 방법은 단어를 발음하면서 종이에 써 보는 것입니다. 눈으로 보고, 말하고, 그 소리를 내가 듣고, 손으로 쓰는 것까지 무려 4가지의 감각을 활용하는 셈이 되어 한 가지 감각만을 사용할 때 보다 기억이 훨씬 잘 된답니다.

6학년 과학에서 초승달, 상현달 등의 달의 위상변화와 이름을 기억해야 할 때 저는 학생들이 달의 이름을 말하면서 꼭 달의 모양을 손으로 표시해 보게 하고 이 동작을 이용해서 게임도 합니다. 여러 감각을 활용해서 표현해 본 지식은 그렇지 않을 때 보다 아무래도 쉽게 기억이 나니까요.

뭔가 외워야 할 것이 있다면 눈으로 보고 끄덕이기보다는 곧 시험이라도 볼 것처럼 조금 부산하고 소란스럽게 여러 감각을 사용하여 적극적으로 외워 봐요. 재미도 있고 훨씬 잘 외워진답니다.

3. 미니 시험보기

따로 구분해서 외우기로 생각한 단어는 교과서를 덮고 빈 종이에 써 보거나 말해봅니다. 나 혼자 일종의 미니 시험을 보는 것이지요. 생각이 안 난다면 교과서를 펼쳐서 확인하고 시간이 조금 지난 후에 다시 또 쓰거나 말할 수 있는지 확인해 봐요. 이렇게 외운 내용을 시험 보듯 머릿속에서 애써 꺼내어 보면 외울 대상을 그냥 보기만 할 때보다 훨씬 빠르게 외워지는 경험을 할 수 있을 거예요.

4. 관련 그림 그려보기

기억해야 할 내용이 복잡해서 정리가 되지 않고 머릿속에 잘 들어오지도 않는다면 해 볼 만한 좋은 방법이 있습니다. 바로 외워야 할 내용을 그림으로 그려보는 것이지요. 비주얼 싱킹(visual thinking)이라고도 하는 이 방법은 그림을 좋아하는 학생이라면 공책 정리용으로도 상당히 유용합니다. 그림을 그리는 과정에서 상당 부분이 저절로 기억돼요. 또 기억을 떠올려야 할 때는 내용보다 먼저 그림을 떠올릴 수 있어 기억을 확실하게 하는 데 큰 도움이 됩니다.

5. 관련된 이야기 떠올리기

한 번 들은 이야기는 일부러 외우지 않았는데도 기억했다가 그럭저럭 다른 사람에게 전해줄 수 있다는 게 신기하지 않나요? 이야기에는 일정한 내용과 흐름이 있어서 그렇습니다. 이런 원리를 공부할 때 활용해 보면 좋겠지요. 역사와 관련된 내용이라면 내가 기억하고자 하는 내용을 둘러싼 역사 속 이야기에 주목해 보세요. 과학이라면 그 과학 용어, 과학적 내용이 나오게 된 실험 과정이나 이유 등을 떠올려 봐요. 이야기의 마법은 학교 공부에서도 통한답니다.

해보기   마법의 출력식 암기를 해 봅시다.

☐ 내가 오늘 암기하려는 것은 무엇인가요?

과목			
쪽수		날짜	

☐ 오늘 내가 선택한 암기 방법은 무엇인가요?
　(형광펜으로 표시하고 써보기, 미니시험보기, 다감각 사용하기 등)

　　　

☐ 암기가 잘 되었을까요? 암기한 내용을 여기에 기억나는 대로 써 봅시다.

　　　

☐ 암기 전략을 사용하여 암기해 본 소감을 써 봅시다.
　(외우는데 걸린 시간, 정확도, 노력과 수고의 정도, 재미있었는지 등)

무기 업그레이드 연습

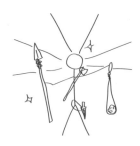

독서, 경험, 심화문제로
수업 시간 외의 내용까지 확장한다

역시나 새로운 도구를 활용할 기회는 금방 찾아왔습니다. 새로 만든 슴베찌르개는 작고 무게가 적당해서 화살촉으로 쓰기에 아주 그만이었습니다. 다만 날쌘 동물을 잡자면 끝을 좀 더 날카롭게 다듬는 것이 좋겠다고 생각했습니다. 새로 구비한 사냥돌도 유용했지만 사냥을 끝까지 성공시키자면 아무래도 돌의 수가 좀 더 많아야 하겠습니다.

'아야얏!'

사냥할 때는 몰랐는데 집에 돌아오니 얼굴과 팔이 상처투성이네요. 사냥할 때 관목 사이로 도망가는 작은 동물을 놓치지 않고 쫓아가려면 긁히고 베이는 상처는 어쩔 수 없겠지만, 그래도 이건 너무 아프네요. 다음 사냥 때는 아무래도 팔과 얼굴을 보호할 만한 도구를 마련해 봐야겠어요.

Step 1	Step 2	Step 3	Step 4
연상하기 또는 설명하기	교과서 읽기	과목별 학습법으로 복습	배운 것과 관련하여 내가 정한 활동하기

사냥에서 돌아온 석기시대인이 자기 무기를 실제 사냥에 맞게 업그레이드하듯, 4단계 복습은 이제 내가 필요하고 더 알고 싶은 것들을 찾아서 공부하는 일입니다. 복습으로 내용을 깊이 있게 공부하다 보면 더 알고 싶은 것, 의심되는 점, 부족한 점 등 공부가 필요하다고 생각되는 부분이 많이 있을 것입니다. 제대로 된 공부는 새로운 공부를 부르기 마련이지요.

이런 필요를 해결하려면 책도 읽고, 심화문제도 풀고, 다양한 경험도 하면서 마음속 질문에 차근차근 답해가야 합니다. 시간이 오래 걸리고 쉽게 해결되지 않는 문제도 있겠지요. 하지만 이 공부야말로 내가 진짜 주인이 되는 깊은 공부를 할 수 있는 기회랍니다. 사람은 알고 싶고 필요를 느낄 때 훨씬 더 잘 배우지요.

공부한 날: 월   일 | 😃 🙂 😐 🥱 😰 😫

국어   **관련된 글을 읽고 써 보기**

① 교과서 작품 찾아 읽기

평소 독서를 위해 책을 고를 때 교과서에서 요즘 배우는 작품이 나온 책을 골라 읽어 보세요. 교과서에서는 일부만 실려 있어서 궁금했던 내용도 직접 확인할 수 있고, 작가의 다른 작품도 함께 만날 수 있어서 독서가 더욱 재미있어질 거예요.

② 독서록 쓰기 / 일기 쓰기

일기 쓰기와 독서록 쓰기야말로 일상적으로 할 수 있는 좋은 글쓰기 기회지요. 일기와 독서록에 국어 시간에 배웠던 국어 지식, 토론했던 내용, 글쓰기 방법들을 총동원해서 내가 하고 싶은 말을 담은 글쓰기를 해 보는 것은 어떨까요? 조금씩 직접 글을 쓰며 만들어진 글쓰기 근육은 어떤 글쓰기 수업보다도 가치가 있답니다.

③ 내가 쓴 글 고쳐쓰기

수업 시간에 글을 쓴 후에 글 고쳐 쓰기 숙제를 하게 되는 경우가 종종 있어요. 꼭 숙제가 아니더라도 수업 시간에 썼던 글을 방과 후에 고쳐쓰기해 보세요. 글을 다듬는 일은 생각보다 시간이 듭니다. 4단계 복습 때 여유를 가지고 교과서

에 썼던 글을 소리내어 읽어보고 표현을 수정하거나 부족한 내용을 보충하여

쓰다보면 글쓰기 실력이 쑥쑥 자라는 것을 느낄 수 있을 거예요.

해 보 기 　글쓰기와 읽기로 하는 확장 복습을 해 봅시다.

1단계 연상하기	
단 원 명	
쪽 　 수	
학 습 문 제	

2단계 교과서 읽기

1. 교과서를 3번 꼼꼼히 읽어 보았나요?	네☐ 아니요☐
2. 교과서를 읽으며 중요한 내용에 표시하고, 수업 시간에 작성한 질문의 답들을 바로잡았나요?	네☐ 아니요☐

3. 국어 교과서를 읽고 새롭게 알게 된 점이 있다면 적어봅시다.

4. 이번 단원에서 가장 중요하다고 생각하는 개념 또는 전략(방법) 1가지를 교과서에서 찾아 적어봅시다.(그림 또는 글로 나타내기)
만약, 교과서 본문이 이야기라면 글의 중심생각을 써 봅시다.

3단계 국어 단어 확장 및 공책 정리 복습하기

오늘 공부한 국어 본문에서 모르는 단어의 뜻을 사전이나 참고서를 찾아 정리해 봅시다.

단어	뜻과 짧은 글짓기

4단계 글쓰기와 읽기로 하는 확장 복습

오늘 수업과 관련해서 더 알아보고 싶은 내용은 무엇인가요?

더 알아보고 싶은 내용을 위해 어떤 4단계 복습 방법을 선택했나요?

☐관련 작품 찾아 읽기 ☐독서록, 일기쓰기 ☐고쳐쓰기 ☐기타 (   )

내가 읽을 책의 제목 또는 쓰려는 글의 제목을 써 봅시다.

위 책을 읽거나 글을 쓰려는 이유는 무엇입니까?

공부한 날: 월   일 | 😄 🙂 😐 🕐 😮 😫

수학 **심화문제로 사고하기**

심화문제, 서술형 문제는 처음 떠오른 아이디어로 해결되지 않는 경우가 많습니다. 이런 문제는 한 문제에 쓸 시간을 10분~15분 정도로 정해놓고, 그 문제에 대해서만 집중적으로 생각하며 도전해 봅니다. 정한 시간 동안에 내가 할 수 있는 모든 노력을 해 본 후에도 풀 수 없다면 답지의 풀이를 참고합니다. 이 때도 답지의 풀이를 완전히 베끼기보다는 슬쩍 보아 답지에서 약간의 실마리를 얻은 후에 다시 내 힘으로 풀어보는 편이 더욱 좋답니다.

1 **시간 정해서 집중도전** 2 **답지 훑어보고 다시 도전** 3 **답지 꼼꼼히 보고 한 번 더 도전**

03 다음 〈보기〉에 있는 식의 □에 1부터 9까지의 숫자를 넣으려고 한다. 1, 6, 9는 이미 사용하였고, 남은 숫자들을 이용하여 <u>식의 값이 1이 되게</u> 만드시오. 기출문제 ∞

> **보기**
>
> $$\frac{1}{\square \times 6} + \frac{\square}{\square \times 9} + \frac{\square}{\square \times \square} = 1$$

남은 숫자 : 2, 3, 4, 5, 7, 8

$$\frac{1}{2 \times 6} + \frac{4}{3 \times 9} + \frac{8}{5 \times 7} = ?$$

$$\frac{1}{12} + \frac{4}{27} + \frac{8}{35} \leftarrow 분자를 거꾸로!$$

$$\frac{1}{5 \times 7} + \bigcirc + \frac{8}{2 \times 3} \quad \substack{1이\\없어야\\한대!}$$

정해진 시간 동안 최대한 집중해서 내가 생각한 여러 방법으로 문제에 도전해요.

서술형 문제의 경우 답지의 풀이 전개 방법을 잘 읽고 따라 해 보면 서술형 답안 쓰기 실력이 쑥쑥 늘어나는 것을 확인할 수 있어요.

03 정답 $\dfrac{1}{3 \times 6} + \dfrac{5}{8 \times 9} + \dfrac{7}{2 \times 4} = 1$

□을 다음과 같이 놓고 보자.

$$\frac{1}{ⓒ \times 6} + \frac{ⓐ}{ⓓ \times 9} + \frac{ⓑ}{ⓔ \times ⓕ} = 1$$

문제에서 사용된 숫자를 제외하고 남은 수는 2, 3, 4, 5, 7, 8이다.

분수들의 합이 1이므로 $\dfrac{ⓑ}{ⓔ \times ⓕ}$의 값이 가장 크게 나오도록 해야 한다.

따라서 ⓑ=7, ⓔ=2 또는 4, ⓕ=4 또는 2이다.

$\dfrac{ⓑ}{ⓔ \times ⓕ} = \dfrac{7}{8}$이므로 $\dfrac{1}{ⓒ \times 6} + \dfrac{ⓐ}{ⓓ \times 9} + \dfrac{7}{8} = 1$에서

$\dfrac{1}{ⓒ \times 6} + \dfrac{ⓐ}{ⓓ \times 9} = \dfrac{1}{8}$이 된다.

$\dfrac{1}{ⓒ \times 6}$은 $\dfrac{1}{8}$보다 작은 것 중에서 가장 큰 단위분수여야 하므로

남은 수인 3, 5, 8 중에서 ⓒ=3을 대입해 보면

$\dfrac{1}{18} + \dfrac{ⓐ}{ⓓ \times 9} = \dfrac{1}{8}$에서 $\dfrac{ⓐ}{ⓓ \times 9} = \dfrac{1}{8} - \dfrac{1}{18}$

즉, $\dfrac{ⓐ}{ⓓ \times 9} = \dfrac{9-4}{72} = \dfrac{5}{72}$이다.

따라서 ⓐ=5, ⓓ=8이다.

식을 정리해 보면 $\dfrac{1}{3 \times 6} + \dfrac{5}{8 \times 9} + \dfrac{7}{2 \times 4} = 1$이다.

처음에는 답지를 훑어 보아 실마리를 얻고 다시 문제로 돌아가 남은 부분은 최대한 스스로 해결하도록 애씁니다.

얻은 실마리로도 문제를 해결할 수 없다면 이제 해답을 꼼꼼히 이해하며 읽습니다. 다 읽은 후에는 답지를 덮고 이해한 방법으로 직접 다시 풀어봅니다. 풀이를 외우는 것이 아니라 내가 이해한 대로 한줄, 한줄 직접 해 보는 것임을 잊지 맙시다.

출처 : 2020 영재성검사 창의적문제해결력 기출예상문제집 208, 348쪽 ⓒ넥젠북스

심화문제로 하는 확장 복습을 해 봅시다.

1단계 연상하기	
단 원 명	
쪽 수	
학 습 문 제	

2단계 교과서 읽기

1. 오늘 수업에 등장한 <약속하기> 또는 <계산 방법>을 옮겨 써 봅시다.

2. 배운 정의(약속하기) 또는 계산 방법을 사용하여 교과서 예제 문제를
   1개 풀어 봅시다.(교과서의 과정을 따라서 자세히)

3단계 수학 문제집 풀기 복습하기

문제집 이름			
단 원		쪽 수	

아래 칸에 수학 문제 풀이를 해 봅시다.

문제집 풀이 복습을 점검해 봅시다.

	네	아니요
☐ 풀이과정을 깨끗하게 전개해 보았나요?	네☐	아니요☐
☐ 문제집에 나만의 표시를 남겼나요?	네☐	아니요☐
☐ 문제를 풀다 알게 된 내용을 문제 옆에 메모했나요?	네☐	아니요☐
☐ 문제를 푼 후 채점을 하였나요?	네☐	아니요☐
☐ 틀린 문제들을 다시 풀어서 익혔나요?	네☐	아니요☐

4단계 심화, 서술형 문제 도전하기

오늘 도전한 문제는 무엇인가요? (교재 이름과 쪽수)

문제 당 10~15분간 집중 도전과 답지 확인을 통해 몇 문제를 해결하였나요?

오늘 4단계 복습을 통해 알게 된 점을 적어 봅시다.

아래 칸에 수학 심화문제 풀이를 해 봅시다.

내가 석기시대인이라면 돌을 이용해서 어떤 무기를 만들었을까요?

여러분만의 가상 석기 무기를 그려보세요.

 내가 석기시대인이라면 어떤 모습을 하고 있을까요?

석기시대인의 머리모양과 옷을 멋지게 그려보세요.

공부한 날:　　월　　일 | 😀 🙂 😐 😣 😮 😝

사회　　**독서하고 답사하고 영화보기**

사회 4단계 복습으로 추천하는 것은 배운 사회 내용을 주제로 여가활동을 하는 것입니다. 사회에 흥미가 적거나 사회가 어렵게 느껴지는 학생들이라면 사회 4단계 복습을 적극 활용하세요.

① 독서하기

무엇보다도 지금 배우는 사회 내용과 관련된 책을 읽는 것을 가장 추천해요. '4단계 사회 복습은 일단 도서관으로 간다.'라고 정해도 좋아요. 사회 복습하는 날이 기다려질 거예요.

② 답사하기

답사는 우선 집에서 가까운 곳에 있는 역사적 장소들부터 찾아보면 쉬워요. 특별한 곳이 없다면 지역의 대표 박물관을 찾아보는 것도 방법이지요. 정치와 관련된 내용을 배우는 6학년의 경우라면 각 지역의 시청을 방문하거나 의회나 법원을 견학, 방청해보는 것도 좋아요. 방문이 제한된 곳들은 관련 영상을 통해 간접체험을 해 볼 수도 있어요.

③ 영화보기

다음은 12세 관람가의 역사 관련 영화들입니다. 오래된 영화도 있고 교과서 내용과 일치하진 않아도 당시의 분위기와 배경을 느끼기에는 손색이 없답니다.

영화 이름	주제가 되는 역사 인물, 사건
안시성	고구려, 양만춘
평양성	삼국시대, 삼국통일
무영검	발해
천문: 하늘에 묻다	조선시대, 세종대왕, 장영실
광대들:풍문조작단	조선시대, 한명회, 세조
사도	조선시대, 영조, 사도세자
자산어보	신유박해, 정약전
덕혜옹주	일제강점기
항거: 유관순이야기	일제강점기
동주	일제강점기
말모이	일제강점기, 조선어학회
웰컴투동막골	6.25전쟁의 참상
인천상륙작전	6.25전쟁, 인천상륙작전
국제시장	6.25전쟁 이후 사회
국가부도의 날	IMF

해보기   여가를 활용하는 확장 복습을 해 봅시다.

1단계 연상하기	
단 원 명	
쪽 수	
학 습 문 제	

2단계 교과서 읽기	
1. 교과서를 3번 꼼꼼히 읽어 보았나요?	네☐ 아니요☐
2. 교과서에 중요한 내용에 표시하며 읽었나요?	네☐ 아니요☐

3. 교과서에서 찾은 핵심어와 그 뜻을 써 봅시다.

4. 오늘 읽은 사회 교과서에서 문단들의 핵심 문장을 찾아 써 봅시다.

3단계 사회 공책 정리 하기

4단계 여가활용 복습하기

최근 배운 사회 내용과 관련해서 내가 더 알고 싶은 것은 무엇인가요?

내용을 더 알기 위해서는 4단계 복습 방법 중 어떤 방법이 필요할까요?

☐독서하기   ☐답사하기   ☐영화보기   ☐기타 (   )

4단계 복습 계획을 세워 봅시다. (무엇을-언제-어디서)

4단계 복습 실천 후 느낀 점을 간단히 써 봅시다.

과학 | 탐구활동 확장 복습

공부한 날:　월　　일 | 😀 🙂 😐 🥺 😮 😫

> **과학**　**궁금한 것을 알아보는 복습으로**

① 조사하기

과학 단원의 특성상 실험이 아닌 조사활동으로 진행되는 수업이 있습니다. 식물과 동물, 생태계, 환경 등을 다루는 단원이 대표적이에요. 관련된 내용을 충분히, 깊이 알아보기에 수업 시간으로는 부족하지요. 이런 수업 후에는 인터넷이나 관련 책을 통해 궁금한 점을 더욱 자세히 조사해 보면 좋습니다.

② 자유 탐구하기

과학 교과서 첫 단원은 학생들이 궁금한 점을 직접 실험으로 설계하여 탐구해 보게 되어 있어요. 학생들이 궁금한 점이 있을 때는 직접 꼬마 과학자가 되어 탐구해 보라는 뜻입니다. 과학 교과서의 실험도구는 일상의 재료가 많아요. 수업 후에 궁금한 점이 있다면 나만의 실험을 설계하고 진행해 보는 것도 더없이 좋은 공부가 될 거예요.

　자유 탐구 설계가 부담스러운 학생이라면 과학 수업 시간에 했던 실험을 조금 변형해서 탐구해 보세요. 3학년 '공기는 어떤 상태일까요?' 수업에서 한 학생은 물속에 뒤집어 넣은 플라스틱 컵과 바닥에 구멍이 뚫린 컵의 차이를 관찰하고는 '그럼 실험 중간에 컵 바닥에 구멍을 뚫으면 공기와 물이 어떻게 될까?'를 궁금해 했어요. 집에서도 충분히 해볼 수 있는 좋은 탐구 활동입니다.

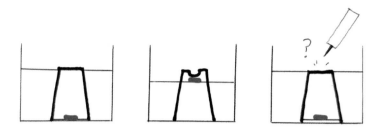

공기는 어떤 상태일까요? 컵 바닥에 구멍을 뚫으면?

③ 관련 책 읽기

흥미 있는 과학 단원을 배울 때 도서관에 가면 요즘 배우는 내용과 관련된 책들이 눈에 들어오지요. 학교에서 요즘 공부하는 과학 주제와 연관된 책들을 골라 읽어 보세요. 수업 이해에도 도움이 되고 지금 배우는 주제들도 더욱 흥미롭게 다가올 거예요.

해보기 | 탐구활동 복습을 해 봅시다.

1단계 연상하기	
단 원 명	
쪽 수	
학 습 문 제	

2단계 교과서 읽기

1. 오늘 실험의 탐구활동 제목은 무엇인가요?

2. 오늘 실험에서 가장 중요한 점 또는 주의할 점은 무엇인가요?

3. 오늘 실험의 원인과 결과는 무엇이라고 생각하나요?
   (실험설계가 분명히 드러난 수업이라면 같게 할 것, 다르게 할 것, 관찰할 것을 써 봅시다.)

3단계 탐구과정 정리하기

4단계 탐구활동 확장 복습하기

최근 배운 과학 내용과 관련해서 내가 더 알고 싶은 것은 무엇인가요?

내용을 더 알기 위해서는 4단계 복습 방법 중 어떤 방법이 필요할까요?

☐ 조사하기   ☐ 자유 탐구하기   ☐ 관련 책 읽기   ☐ 기타 (   )

4단계 복습 계획을 세워 봅시다. (무엇을-언제-어디서)

4단계 복습 실천 후 느낀 점을 간단히 써 봅시다.

영어 | 자기주도 확장 복습

공부한 날: 월 일 | 😃 🙂 😐 😣 😮 😫

영어 **문법, 읽기 그리고 쓰기**

① 영문법 챙기기

오늘 수업 시간에 나왔던 주요 표현에 들어있는 영문법을 챙겨 봅시다. 개인적으로 진행하고 있던 초등 영문법 책이나 학원 진도로 진행하고 있는 영문법 교재를 펼쳐보고 지금 배우고 있는 단원에서 등장하는 문법이 책의 어느 부분에 해당하는지 찾아봅시다. 영문법 책이나 영문법 정리 공책에 교과서 문장을 표시해 두거나 관련 문제도 찾아 풀어 보는 것도 좋겠지요. 학원이든 학교든 필요한 문법 내용은 어차피 같습니다. 학교 공부를 계기로 관련된 문법 내용을 다시 열어보고 정리할 수 있다면 분명히 좋은 공부가 됩니다.

② 영어로 된 읽을거리 소리내어 읽기

영어 실력을 재미있게 꾸준히 늘려가는 방법은 바로 영어로 된 읽을거리를 소리내어 읽는 것입니다. 부모님께서 선정해 준 영어책을 읽어도 좋고 '기적의 영어리딩(길벗)'과 같은 초등 독해 책을 진행해 가는 것도 좋아요. 스스로 조금씩 읽어가려면 해답을 보았을 때 해석이 잘 되어있고 내용도 흥미로운 읽을거리가 좋습니다. 적은 양이라도 꾸준히 진행하다 보면 독해력과 함께 영어를 오랫동안 많이 접했을 때 얻어지는 영어 감각을 기르는데도 도움이 됩니다.

③ 3줄 영어 일기쓰기

5, 6학년 영어 교과서에는 그 단원에서 배운 표현 패턴을 사용해서 간단한 영작을 해 볼 수 있도록 안내하고 있습니다. 학교 수업 때 외우다시피 익혔던 문장에서 단어 몇 개를 나에게 맞도록 바꾸어 3줄 정도 분량의 영어 일기를 써 볼 수 있어요. 배운 표현을 활용하여 1주일에 한두 번만 시도해도 복습 효과는 시도하지 않을 때와 비교할 수 없을 것입니다.

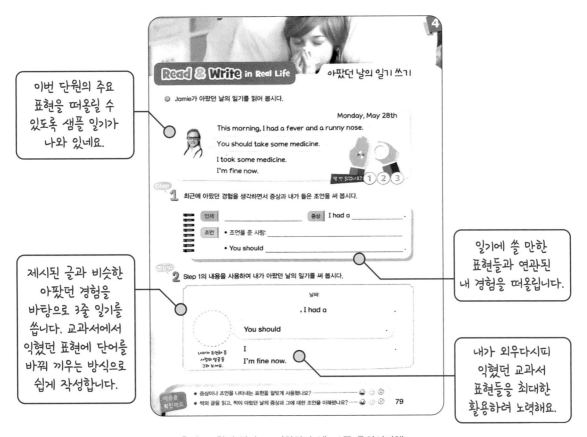

출처 : 6학년 영어 YBM(최희경 외) 79쪽 ⓒ와이비엠

자기주도 확장 복습을 해 봅시다.

1단계 연상하기	
단 원 명	
쪽 수	
학 습 문 제	

2단계 교과서 읽기

1. 교과서 내용을 3번 이상 듣고, 읽고 말해 보았나요?	네☐　　아니요☐

2. 이번 시간에 배운 핵심표현을 교과서에서 찾아 써 봅시다.

3. 오늘 수업에서 읽을거리가 있었다면 소리내어 읽고, 아래 칸에 한국어 해석을
   직접 써 봅시다.

3단계 주요 표현과 단어 정리		
□□□□□	품사/뜻	유의어/반의어
	예문	
□□□□□		
□□□□□		
□□□□□		
□□□□□		
□□□□□		
□□□□□		
□□□□□		
□□□□□		
□□□□□	품사/뜻	유의어/반의어
□□□□□		

4단계 자기주도 확장 복습하기

내가 고른 4단계 복습법은 무엇인가요?

□문법   □영어로 된 읽을거리 소리내어 읽기   □3줄 영어 일기   □기타 (   )

내가 고른 4단계 복습으로 할 일을 정하고 실천해 봅시다.

4단계 복습 실천 후 느낀 점을 간단히 써 봅시다.

3

습관이 되는
자기주도형 복습

습관이 되는
복습 계획

바른 방식으로 오랫동안

지금까지 여러분은 20일 동안 국어, 수학, 사회, 과학, 영어를 순환하면서 1~4단계 알자배기 복습을 배우고 또 실천했어요. 너무나 수고가 많았습니다! 이제 알자배기 복습 1~4단계가 어떤 방법으로 이루어지고 또 과목별로 어떻게 복습하는 것이 효과적인지 체험하고 깨달았을 것입니다.

책을 충실히 따라왔다면 20일간 복습한 것만으로도 이전보다 실력이 자라난 것을 분명히 느낄 수 있을 것입니다. 그러나 아직 복습을 멈출 때가 아닙니다. 조금 익숙해진 복습을 지속해서 몸에 배게 하고, 효과는 더욱 높여야 하겠지요. 그러자면 이 복습을 오래 끌고 가야 합니다. 공부의 성과는 바른 방식으로 오랫동안 포기하지 않고 노력할 때 이루어지니까요.

내 복습 설계하기

지금부터는 좋은 복습이 습관이 되어 힘을 적게 들이면서도 오랫동안 끌어갈 수 있도록 하려 합니다. 바로 복습 계획을 만드는 것이지요. 누군가가 세워주는 것이 아니라 내가 직접, 나에게 맞게 말이에요.

복습을 설계하고 나면 실천 기록은 일주일 단위로 할 수도 있고 매일 To-Do List로 할 수도 있어요. 또는 일주일 단위로 계획을 세운 후 실천한 것은 To-Do List로 기록할 수도 있습니다. 내가 사용하기 좋은 방식을 골라 계획하고 기록해 보세요.

먼저 과목별로 내가 하려는 복습의 분량을 정해봅시다. 복습이 필요한 과목이나 활동은 학생마다 다를 것입니다. 내게 필요한 공부, 내가 할 수 있는 공부는 무엇이고 얼마나 될까를 생각하면서 나에게 적당한 복습의 분량을 가늠해 보고 또 실천해 보아요.

학습자 단계	복습 분량
1. 초보자 처음에는 매일 복습 습관을 만드는데 중점을 두면서 과목별 1단계 복습만으로 가볍게 시작해도 좋아요.	5과목 모두 1단계 복습
2. 과도기 매일 복습하는 일이 익숙해지면 1단계 복습에 2단계인 교과서 읽기를 더해보세요.	5과목 1단계 → 5과목 2단계 복습

3. 안정기 교과서를 확인하는 복습이 안정적으로 이루어지면 더욱 연습과 정리가 필요한 과목들을 골라 3단계 복습을 진행해요.	5과목 1단계 → 5과목 2단계 → 일부 과목 골라 3단계 복습
4. 확장형 평소 하던 독서, 숙제, 개인 공부 등을 4단계로 정하고 복습과 연결합니다. 하루 공부가 복습 중심으로 정리됩니다.	5과목 1단계 → 5과목 2단계 → 일부 과목 3단계 → 일부 과목 4단계 복습

복습 분량을 정했다면 복습 시간과 방법을 생각해 봅시다. 복습하는 일정한 시간과 장소, 방법 등을 정해두고 실천하면 복습을 습관으로 만드는데 큰 도움이 됩니다.

일주일 복습 계획하고 실천하기

내 복습 설계가 완성되었다면 이제는 설계한 복습을 내 일상의 일부로 만들 일만 남았네요. 지금부터 할 일은 복습하기로 정한 내용을 일주일 생활 계획 표에 옮겨 적는 것입니다. 학생들의 생활은 보통 1주일 단위로 반복되니까요.

〈일주일 생활 계획표〉를 작성할 때는 먼저 학교 시간표나 주간학습 안내를 확인하여 요일마다 고정되어 있는 숙제부터 옮겨 적습니다. 그리고 복습 칸에 는 그날 배우는 과목 중 복습을 할 과목들을 적습니다. 개인 공부 칸에는 4단계 복습을 포함해서 내가 개인적으로 이어가고 있는 공부들을 적어요. 이때, 할 일

■ 습관이 되는 복습 시간과 장소

시작하는 시간을
정하고 가능한 한
꼭 지켜요.

언 제	시작 시간	4 시 30 분	끝나는 시간	6 시 00 분
어디서	내 방, 내 책상에 앉아서			
어떻게	매일 나 스스로 시작하기, 완전 집중해서 단시간에 끝내기			

정한 분량을
공부하는데 걸릴 시간을
예상해서 정하고,
이 시간 이내로 끝내도록
노력해요.

일정한 장소에서 복습하면
습관 형성에 도움이 되요. 그리고
공부가 잘 되는 내 모습을 생각해 보고
복습 때 지키는 나만의 원칙으로 정해요.

교재 이름과 복습 때 할
분량을 정해요.

■ 내 복습 설계하기

	1단계	2단계	3단계	4단계
국어	설명하기	교과서 읽기	국단어 완전정복 학습지 1장	교과서 작품 찾아 읽기
				독서록 쓰기
수학	연상하기		개념과 유형 수학 학습지 2장	최상위수학 심화문제 5개
사회	연상하기		배운 내용 공책 정리	–
과학	연상하기		실험관찰 고쳐쓰기	–
영어	연상하기		배운 단어, 표현 암기하기	독해집 1장

처음에는 실천하기 쉽도록 조금 적은 양으로 계획하고, 실천해 보면서 점차 나에게 맞게 고쳐가요.
3, 4단계는 공부할 교재와 분량을 구체적으로 써야 매일의 할 공부 계획이 보다 분명해져요.
부록의 노트 양식을 활용하여 내 복습을 직접 설계해 봅시다.

이 어느 한 요일에 몰리지 않도록 공부 분량을 잘 배분하는 것이 중요합니다.

숙제, 복습, 개인공부 칸이 채워졌다면 나머지는 실천하면서 써 가면 돼요. 과목별로 복습을 성공했는지는 ○△×로 표시하고, 보충해야 할 부분이 남아 있는 공부는 연장표시(→)를 했다가 다음날 마무리합니다. 일주일을 실천하고 나면 스스로 평가와 나에게 주는 별점을 기록해 보세요. 칭찬할 점, 다짐하는 점 등을 쓰면서 내 공부를 스스로 평가해 보면 공부를 스스로 끌어가는 힘이 더욱 길러진답니다.

어떤 일이 생활에 배어들어 습관이 되려면 최소 66일이 필요하다고 합니다. 우리도 하루하루 복습을 실천할 때마다 실천표의 숫자를 하나씩 지워가며 기록해 봅시다. 매일 기록하면서 복습이 습관이 되는 66번의 실천을 이루어가는 기쁨을 느껴보세요. 알찬 하루가 모여 복습이 습관이 되고 효과로 이어지는 경험을 할 수 있을 거예요.

To-Do List로 복습 매일 실천하기

일주일 생활 계획표로 일주일 동안의 공부 분량을 한눈에 보면서 내 공부를 균형 있게 관리할 수 있다면, To-Do List는 오늘, 지금 할 일을 분명하게 해 준다는 면에서 유용해요.

오늘의 복습을 시작하기 직전에 To-Do List를 적어보세요. 그리고 먼저 하

■ 일주일 생활 계획표

	(3/7) 월		(3/8) 화		(3/9) 수		(3/10) 목		(3/11) 금		토
숙제	국어조사	○	사회 공책 정리	○			독서록	○	일기	○	
복습 1~3단계	과학 국어 수학	○ △ X	과학 사회 영어 수학	→ ○ △ ○	수학 사회	○ ○	영어 국어 수학	○ △	국어 과학 사회	→ ○ ○	
개인 공부 4단계	학원교재 (문법)	○	EBS 독해	○	학원교재 (문법)	○	EBS 독해	○	EBS 독해	○	
스스로 평가	한 주 동안 열심히 공부한 나를 칭찬한다. 다만 화요일은 할 일이 많다보니 자신 없는 과학 복습을 자꾸 미루게 된다. 이럴 바엔 아예 과학 복습을 여유 있는 수요일로 옮겨서 하는 것도 좋겠다. 다음 주도 파이팅!								나에게 주는 별점 ★ ★ ★ ★ ☆		

■ 66일 복습 실천표

~~1~~	~~2~~	~~3~~	~~4~~	~~5~~	~~6~~	~~7~~	~~8~~	~~9~~	~~10~~	~~11~~
~~12~~	~~13~~	~~14~~	~~15~~	~~16~~	~~17~~	~~18~~	~~19~~	~~20~~	21	22
23	24	25	26	27	28	29	30	31	32	33
34	35	36	37	38	39	40	41	42	43	44
45	46	47	48	49	50	51	52	53	54	55
56	57	58	59	60	61	62	63	64	65	66

워크북을 따라 하다 보니 어느덧 20일이나 복습을 했네요! 이제 46일만 하면 습관이 된다는 66일 동안 복습을 실천한 셈이 되어요. 복습 습관이 내 것이 될 날도 머지않았어요. 파이팅!

면 좋을 일부터 번호를 붙여 보세요. 그다음은 하나씩 지워가며 실천하면 됩니다.

① 오늘 할 일을 To-Do List에 적어요.

② 정해 둔 시각에 복습을 시작해요.

③ 내가 정한 우선순위 순서대로 공부하고,
   To-Do List 항목을 지워가요.

④ 걸린 시간과 만족도를 기록해요.

⑤ 내가 하고 싶던 여가를 시작해요.

■ 오늘 공부 To-Do List

오늘 학교 수업에 충실히 참여했는지 잘 배우기 체크리스트를 표시하며 점검해 봐요.

☐ 년 월 일 요일

☐ 잘 배우기

	발표했어요 ☑	수업 시간 과제 완료 ☑	
오늘 수업은	질문했어요 ☑	교과서에 필기했어요 ☑	
등교 ☑ / 온라인 ☐	집중했어요 ☑	친구를 도왔어요 ☑	

☐ 오늘의 To-Do List

내가 정한 1, 2단계 방법으로 복습하고 표시

일을 끝낼 때마다 완료 표시를 해요.

	순서	과목	1단계	2단계	3단계	완료
복습	②	영어	V	V	단어, 표현 암기하기	V
	①	수학	V	V	수학문제집 34~37쪽	V

먼저 할 일 순서로 번호를 붙여요.

오늘 할 4단계 확장 복습과 기타 과제를 적고 지워가며 해결해요.

	순서	내 용	완료
확장 복습 + 과제	⑤	(확장복습) 초등 매일 독해 46, 47쪽	V
	⑥	(확장복습) 최고수준 수학 30쪽 5문제	V
	③	독서록 1편 쓰기	V
	④	학원 숙제 - 워크북 18, 19쪽 풀기	V

정해진 시간에 시작하고 끝난 시간은 할 일을 실제로 끝낸 시간으로 기록해요.

시작 시간 : 17 시 00 분	끝난 시간 : 18 시 30 분
걸린 시간 : (1시간 30분) 동안	공부 만족도 : ★ ★ ★ ★ ☆

☐ 나의 여가

오늘의 공부를 끝낸 후에 하고 싶은 일을 적어요.

오늘 내가 하고픈 일	자전거 타기
	떡볶이 만들어 먹기
	셜록 홈즈 읽기

부록의 노트 양식을 활용하여 TO-Do List를 작성하고 오늘 복습에 활용해 봅시다.

오늘의 복습을
성공하는 비법

복습으로 성공적인 공부를 하려면 무엇보다도 오늘 복습에 성공해야 해요. 그래야 내일도, 모레도 복습을 이어가지요. 하루하루 복습에 자꾸 성공하다 보면 자신감도 더해지고 공부하는 요령도 생겨나는 것을 경험할 수 있어요. 그래서 일단 복습을 시작했다면 내 복습이 실패하지 않도록 마음가짐과 주변 환경을 성공하기 좋은 조건으로 만드는 것이 중요해요. 복습 성공에 유리한 조건은 무엇일까요?

1. 마음먹었으면 ??*

복습을 실천하기로 마음먹었다면 **오늘, 지금, 즉시 하는 것이 바로 성공의 첫 번째 조건**입니다. 마음먹거나 예정한 시간에 즉시 복습을 시작해 보세요. 어떤 일을 마음먹었을 때 하지 않고 시간을 끌면 우리의 뇌는 그 일을 점점 하기 싫고 어려운 일로 여기게 돼요. 하지만 아무리 작은 활동이라도 일단 시작하면 우리 뇌에서는 측좌핵이라는 의욕을 담당하는 영역이 활성화되어 그럭저럭 그 일을 할 수 있게 돼요. 시작이 반이라는 말은 뇌 과학적으로도 맞는 말입니다.

2. 시작은 ??**

새로운 일을 시작할 때 그 일을 성공시키는 두 번째 비결은 바로 작게 시작하는 것이에요. 한 과목 5분 공부, 한 문제 풀기와 같이 실패하기 힘들 만큼 말도 안 되게 작아도 좋아요. 이렇게 일단 행동을 하고 나면 누구라도 조금은 '쉽네!', '할 만하네!'라는 생각이 들게 돼요. 쉽고 할 만하니 그 일을 내일 또 시도하기도 쉽겠지요. 처음에는 작아도 괜찮아요. 점점 크게 키워 가면 되니까요.

3. 유혹거리는 참지 말고 ??***

스마트폰, 게임 등 당장 재미있는 것에 주의를 빼앗겨 마음먹은 공부를 실패하면 '나는 의지가 약해'라고 자책하는 친구들이 있어요. 그런데 속상해하지 않아도 돼요. 그건 누구나 그렇거든요. 유혹거리는 참는 게 아니라 피하는 거예요. 복습하는 동안에는 복습 대신 자꾸만 하고 싶어지는 것들을 일부러 멀리 두세요. 휴대폰을 눈앞에서 치워두고, 각종 알림도 꺼서 소리가 나지 않도록 해요. 만지고 싶은 장난감도 안 보이는 곳을 넣어두고, 가족들에게도 공부시간을 알려서 방해하지 않도록 도움을 구해보세요. 유혹거리가 멀면 복습에 집중하기가 훨씬 쉬워진답니다.

4. 오늘 복습 후에는 뒤도 돌아보지 않고 ??****

학교 수업이 끝나면 쉬고 싶고, 놀고 싶을 텐데 그걸 이겨내고 오늘 정한 공부를 마쳤나요? 그렇다면 나 스스로에게 최고의 칭찬을 해 주세요! 소리 내서 스

스로에게 말해주면 더 좋아요. 여러분은 칭찬받을 자격이 있어요.

　그리고 오늘 나머지 시간은 뒤도 돌아보지 말고 재미있게 놀아요. 간식을 먹어도 좋고, 놀러 나가도 좋아요. 복습하기 전부터 하고 싶던 일, 그 일을 하면서 나에게 휴식이라는 상을 주세요. 작정한 분량을 다 했다면 계획했던 시간보다 좀 빨리 끝났더라도 남은 시간은 쉬는 것으로 정하는 편이 좋아요. 할 일을 완수하고 나서 얻는 당당하고 보람된 휴식이 내일의 복습을 또 밀고 갈 힘이 되어줄 거예요.

5. 오늘 복습을 성공하는데 방해가 되는 유혹거리는 어떤 것이 있나요? 이 유혹거리는 어떻게 피할 수 있을지 써 봅시다.

이런 것들이 있어요.	앞으로 이렇게 할 거예요.

*   즉시
**   살살
***   멀리
**** 놀기

과목별 알자배기 복습 로드맵

	국어	수학	
1단계 연상하기	학습문제에 답하기	개념과 원리 떠올리기	차례 대로
2단계 교과서 읽기	**중심 생각을 찾아요** 1. 기본 단계 개념 확인 2. 교과서 본문과 　주변 그림 보기 3. 교과서 질문 순서 　살펴보기 4. 질문의 답 확인하고 　바로잡기	**손으로 읽어요** 1. 정의 확인하기 2. 공식 유도하기 3. 예시 문제 교과서 　방식으로 직접 풀기	
3단계 과목별 방법으로 복습	**단어와 개념 정리** 1. 국어 단어 정리 2. 개념이나 방법 위주로 　공책 정리	**문제집 한 권 완전히 소화하기** 1. 연습장에 풀기 2. 문제집에 나만의 　표시하기 3. 주요 사항 메모하기 4. 틀린 문제 즉시 다시 　풀기	
4단계 배운 것과 관련하여 내가 정한 활동하기	**관련된 글 읽고 써 보기** 1. 교과서 작품 찾아 읽기 2. 독서록 & 일기쓰기 3. 내가 쓴 글 고쳐 쓰기	**심화문제로 사고하기** 1. 시간 정해서 집중 도전 2. 답지에서 실마리 얻고 　다시 도전 3. 그래도 안 되면 답지 　풀이 꼼꼼히 읽은 후, 　덮고 한 번 더 도전	선택 해서

사회	과학	영어	
핵심어와 뜻 쓰기	**실험 생각하며 학습문제 답하기**	**주요표현 말하고 써보기**	
핵심어 중심으로 파악해요 1. 학습문제로 방향 잡기 2. 핵심어와 그 뜻 파악	**의심하고 직접 따져 봐요** 1. 실험 중심으로 교과서 보기 2. 원인과 결과 생각하기	**영어 복습은 떠들썩하게 해요** 1. 교과서 본문 듣고 큰소리로 말하고 읽기 2. 정확히 해석하기	차례 대로
공책 정리로 머릿속 정리하기 1. 공책 정리하기 2. 혼자 시험 보며 암기하기 3. 상황 속에 있다고 생각하기	**생각을 더하는 실험관찰, 공책 정리** 1. 실험관찰 정리하기 2. 배운 원리로 주변 현상 설명하기 3. 탐구과정 및 과학 용어 공책 정리하기	**표현과 단어 정리하고 암기하기** 1. 주요표현 외우기 2. 단어 정리하고 암기하기	
독서하고 답사하고 영화보기	**궁금한 것을 알아보는 복습으로** 1. 조사하기 2. 자유탐구하기 3. 관련 책 읽기	**문법, 읽기 그리고 쓰기** 1. 영문법 챙기기 2. 영어로 된 읽을거리 소리내어 읽기 3. 3줄 영어 일기쓰기	선택 해서

■ 내 복습 설계하기

□ 습관이 되는 복습 시간과 장소

언 제	시작 시간	시 분	끝나는 시간	시 분
어디서				
어떻게				

□ 복습 내용

	1단계	2단계	3단계	4단계
국어				
수학		교과서 읽기		
사회				
과학				
영어				

\# 처음에는 실천하기 쉽도록 조금 적은 양으로 계획하고, 실천해 보면서 점차 나에게 맞게 고쳐가요.

\# 3, 4단계는 공부할 교재와 분량을 구체적으로 써 봅시다.

\# 오늘은 가장 필요하다고 생각되는 과목 1개를 골라 방금 내가 정한 방법과 내용으로 복습을 해 봅시다.

■ 일주일 생활 계획표

	(/)월		(/)화	(/)수	(/)목	(/)금	토
숙제							
복습 1~3단계							
개인 공부 4단계							
스스로 평가						나에게 주는 별점 ☆ ☆ ☆ ☆ ☆	

\# 스스로 평가는 일주일 동안 내 계획표를 실천한 후에 기록해요.

\# 잘된 점, 부족한 점도 적어보고, 나를 응원하는 말도 적어봅시다.

■ 오늘 공부 To-Do List ☐ 년 월 일 요일

☐ 잘 배우기

오늘 수업은 등교 ☐ / 온라인 ☐	발표했어요 ☐	수업 시간 과제 완료 ☐
	질문했어요 ☐	교과서에 필기했어요 ☐
	집중했어요 ☐	친구를 도왔어요 ☐

☐ 오늘의 To-Do List

	순서	과목	1단계	2단계	3단계	완료
복습						

	순서	내용	완료
확장 복습 + 과제			

시작 시간 : 시 분	끝난 시간 : 시 분
걸린 시간 : ( ) 동안	공부 만족도 : ☆ ☆ ☆ ☆ ☆

☐ 나의 여가

오늘 내가 하고픈 일	

☐ 과목: / _____ 교시

☐ 과목: / _____ 교시

☐ 과목: / _____ 교시

☐ 과목: / _____ 교시

■ 66일 실천표

1	2	3	4	5	6
7	8	9	10	11	12
13	14	15	16	17	18
19	20	21	22	23	24
25	26	27	28	29	30
31	32	33	34	35	36
37	38	39	40	41	42
43	44	45	46	47	48
49	50	51	52	53	54
55	56	57	58	59	60
61	62	63	64	65	66

복습 습관이 내 것이 될 날이 머지않았어요. 파이팅!

□ 메모

■ 배움 공책은 교과서 짝꿍(저학년용)　　　□　　년　　월　　일　　요일

과목	핵심단어	공부한 내용
교시		
교시		
교시		
교시		
교시		
교시		

오늘 공부 3줄 정리

과목	문제집 / 쪽수	풀기	채점 후 확인

□ 과　　목	／　___　교시	□ 쪽　　수	
□ 단 원 명			
□ 학습문제			

□ 과 목	/ ＿＿ 교시	□ 쪽 수	
□ 단 원 명			
□ 학습문제			

□ 과　　목	／ ＿＿ 교시	□ 쪽　　수	
□ 단 원 명			
□ 학습문제			

□ 과 목	/ ___ 교시	□ 쪽 수	
□ 단 원 명			
□ 학습문제			

☐ 영단어와 주요 표현

☐☐☐☐☐	품사/뜻	유의어/반의어
	예문	
☐☐☐☐☐		
☐☐☐☐☐		
☐☐☐☐☐		
☐☐☐☐☐		
☐☐☐☐☐		
☐☐☐☐☐		
☐☐☐☐☐		
☐☐☐☐☐		
☐☐☐☐☐		
☐☐☐☐☐		

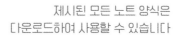

❏❏❏❏❏	품사/뜻	유의어/반의어
	예문	
❏❏❏❏❏		
❏❏❏❏❏		
❏❏❏❏❏		
❏❏❏❏❏		
❏❏❏❏❏		
❏❏❏❏❏		
❏❏❏❏❏		
❏❏❏❏❏		
❏❏❏❏❏		
❏❏❏❏❏		

엄마 잔소리 사라지는
초등 스스로 공부법

알자배기
20일
기적의 노트

초판 1쇄 발행 2022년 2월 21일

지은이 유혜영

펴낸이 최남식
외부스태프 전현영, 조민정
마케팅 김지권, 한고은, 신수경
제 작 김형우

펴낸곳 오리진하우스
출판등록 2010년 3월 23일 제 409-251002010000087호
주 소 경기도 김포시 김포한강10로133번길 127, 디원시티 지식산업센터 518호(구래동)
전 화 02-335-6612 **팩 스** 0303-3440-6612
이메일 originhouse@naver.com
포스트 post.naver.com/originhouse
블로그 blog.naver.com/originhouse

값 14,000원ⓒ2022, 유혜영
ISBN 979-11-88128-26-6 13370: ₩14000

• 오리진하우스는 독자 여러분의 원고 투고를 기다리고 있습니다.
  원고가 있으신 분은 originhouse@naver.com으로 간단한 개요와 취지, 연락처 등을 보내 주세요.

알자배기 초등 복습 비법

유혜영 지음 l 356p l 16,000원

"이제는 공부하라는 말대신
효율적인 공부 방법을 알려주세요"

비대면 시대의 커지는 학습 격차,
복습이 답이다!

현직 교사로서 다년간 축적된 경험과 노하우로 자녀의 공부 독립과 삶의 주인으로 안내할 비법서. 대충 공부하고, 보상이 있어야 공부하고, 공부하는 척, 매사 무기력한 아이들의 모습은 부모의 관리하에 공부해 온 아이들의 공통적인 특성이다. 특히 온라인 비대면 수업이라는 경험한 적 없는 교육 방식으로 인해 학습 격차는 나날이 커지고 있다. 현직 초등 교사이자 두 아이의 엄마인 저자는 그 차이가 공부의 주도권을 누가 가지고 있느냐에 따라 달라진다고 말한다. 이 책은 복습을 통해 학생이 공부 주도권을 갖는 방법과 공부력을 완성하는 효율적인 학습법의 모든 것을 담았다.